История хазар - иудеев

Н. А. РИТВИН

AuthorHouse™
1663 Liberty Drive
Bloomington, IN 47403
www.authorhouse.com
Phone: 1-800-839-8640

First published by AuthorHouse 2/11/2010

ISBN: 978-1-4490-6783-0 (e)
ISBN: 978-1-4490-6781-6 (sc)

Printed in the United States of America
Bloomington, Indiana

This book is printed on acid-free paper.

предисловие

V11 по X век на Восточной окраине Европы, между Кавказом и Волгой , властвовало государство, известное как Хазарская империя. На пике своего могущества она сыграла важную роль в судьбах средневековой Европы. Страна хазар, народа тюркского происхождения, занимала важное стратегическое положение между Черным и Каспийским морями, где в то время сталкивались интересы крупнейших восточных держав. Она играла роль буфера, защищавшего Византию от вторжения сильных варварских племен из северных степей - булгар, венгров, печенегов и др. , а позднее викингов и русских. Однако более важен тот факт, что хазарские армии реально воспрепятствовали арабскому нашествию на раннем ,самом разрушительном, этапе и тем самым помешали арабскому завоеванию Восточной Европы. Земли хазар лежали на пути естественного продвижения арабов . За считанные годы после смерти Магомета (632) армии Халифата , прорываясь на северо-запад, сокрушив на своем пути Персидскую и Византийскую империи достигли великой горной преграды - Кавказа. Стоило преодолеть этот барьер - и перед ними открывался бы путь в Восточную Европу. На Кавказком рубеже арабы столкнулись с организованной военной силой, помешавшей им продолжить завоевание в этом направлении . Почти неизвестные ныне, войны арабов и хазар, продолжавшиеся более ста лет, имели большое историческое значение. Во времена, когда франки под предводительством Карла Мартелла отразили арабское вторжение в битве при Пуатье (732), Европе одновременно грозила не менее серьёзная опасность с востока . Победоносные мусульмане были остановлены силами Хазарского царства. Врядли можно сомневаться, что если бы не хазары, то Византия – оплот Европейской цивилизации на востоке - была бы обойдена арабами с флангов, и тогда история христианства и ислама отличалась бы от известной нам сегодня.

Излишне говорить, что переход в иудейскую веру и провозглашение её государственной религией этнически не еврейского народа, является важной исторической темой. Однако, в благословенной Совдепии эта тема почти не затрагивалась. А о хазарах мы знаем в основном из стихотворения Пушкина “Песнь о вещем Олеге”

Как ныне сбирается вещий Олег
Отмстить неразумным хазарам.
Их села и нивы за буйный набег
Обрёк он мечам пожарам.

Впрочем, Александр Сергеевич здесь допустил историческую оплошность : во – первых , хазары во времена Олега представляли собой страну с регулярной наемной армией и не производили никаких набегов, а взимали дань с покоренных ими народов, в том числе со славян, во-вторых, поход Олега в Крым, который был в то время под рукой хазар, оказался для него неудачным.

Даже в окружении знакомых интеллектуалов, мало кто знаком с историей государства и народа, который имеет непосредственное отношение к судьбе Восточно Европейского еврейства.

Эта книга задумана, как научно-популярная монография на основании изданных научных работ:

Brook K. A. “ The Jewish Khazaria “

Danlop D. M. “ The history of Jewish Khazars “

Артамонов М. И. “ История хазар “

Кестлер А. “ Тринадцатое колено. Крушение империи хазар “

Гумелев Л. Н. “ Открытие хазар “

В книге также изложены предполагаемая судьба иудеев-хазар после крушения их государства и краткая история еврейства в странах Восточной Европы в средние века. Чтобы книга была легко читаемая, по возможности, сокращены неудобоваримые длинные имена восточных исторических личностей и авторов на которые имеются ссылки. Название географических мест, городов и народностей приведены, там где это возможно, к современным названиям. Надеюсь, что читатель извлечет из книги много интересных и неизвестных ему сведений.

История хазарского государства

В отношении происхождения хазар имеется много легенд и гипотез. Однако, мы исходим исключительно из известных исторических фактов, не обременяя читателя не подтвержденной информацией и дискуссиями ученных носящих академический характер. Сами хазары говорили , что они являются потомками Яфета - третьего сына Ноя. У Яфета было десять сыновей, хазары являются потомками седьмого сына Тогармы. В соответствии с библейскими преданиями, считается, что от Яфета произошли все Восточно-Азиатские народы , а от Тогармы-гунны, тюрки, огуры и другие. В соответствии с описанием хазар, среди них были как голубоглазые с рыжими волосами, так и смуглые с черными волосами. Ранние арабские источники пишут о том что были "черные хазары" и "белые хазары" и что белые хазары были очень красивые. Однако, ученные соглашаются , что это было не рассовое различие, а скорее –социальное. Черные хазары относились к более низким классам, в то время как белые относились к аристократии. Ранние русские источники называли хазар " белые угры " а мадьяр "черные угры".

Хазары прибыли на Каспий из Центральной Азии в составе Гуннской Империи, которая образовалась во Внутреней Азии в третьем веке до нашей эры под военным командованием Тоу-Мана. В период правления его сына Мо-Туна Гуннская Империя была значительно расширена и усилена. Еще до нашей эры Гуннская Империя разделилась на северную и южную ветви. После жестокого поражения от монголов в 93 году, северные гунны начали продвижение на территорию южной России и Крыма. В 380 году они завоевали области Нижнего Дона и регион, окружающий Азовское море. Византийский источник писал, что живущие близ Черного моря акатциры были субъектами гуннов. Некоторые историки считают, что акатциры были предками хазар и название хазары или козары происходит от ак -кацир, т. е. белый кацир. Однако, нет солидных свидетельств этой связи, как и нет доказательств обратного. Примерно , в середине пятого века, когда королем гуннов был Аттила, правителем акатциров был Каридах. Этот же источник рассказывает, что византийский император пытался переманить этот воинственный народ на свою сторону, но алчный хазарский вождь счел посулы недостаточными и примкнул к гуннам. Аттила нанес поражение вождям, враждовавшим с Каридахом, сделав его полновластным правителем акатциров и пригласил его к себе в гости. Каридах многословно поблагодарил за приглашение, но заявил, что “трудно смертному смотреть в лицо бога, - нельзя смотреть на солнечный диск, тем более величайшему из богов, не рискуя обжечься”. Аттила был видимо польщен , ибо оставил без последствий отказ прибыть к нему.

Западно- тюркские племена, включая оногур, сарагус и утерхур (итигур) около 463 года перешли Волгу и заняли степные районы Восточной Европы. Раньше огуры жили в Западной Сибири и Центральной Азии, но спасаясь от сабир , были вынуждены мигрировать. Они поселились вдоль Дона и Кубани, базируясь на северном Каспии. Здесь новоприбывшие смешались с акатцирами и гуннами. Сабиры, народ

Тюркского происхождения, этнически связанный с Гуннами. Изначально сабиры занимали Западно-Сибирский регион, но под давлением авар были вынуждены вслед за другими народами мигрировать на Запад. Их кочевые племена пересекли Волгу и разместились между Северным Каспием и Черным морем. В дальнейшем сабиры направили свою экспансию к югу от Каспийского моря, где в середине шестого века вступили в союз с Сассанидской Персией.

В шестом столетии гунны все еще контролировали земли европейских степей и Крым. Один из гуннских королей Крыма-Грод -принял христианство в 528 году и вступил в союз с Византийским императором Юстинианом I. Затем он велел переплавить идолов, изготовленных из драгоценных металлов, в монеты. Это вызвало недовольство народа, произошло восстание и Грод был убит. Правителем вместо него стал его брат –язычник Моиел. Важным следствием этого переворота стало ослабление провизантийской политики в Крыму, что позволило гуннам оставаться в Западно-Черноморских степях на много лет.

Одно из первых фактических упоминаний о хазарах датируется 555 годом, когда анонимный автор написал приложение к переводу греческой истории. В этом приложении хазары были перечислены среди кочевых племен в юртах Северного Каспия.

Западно- Тюркский каганат был образован Иштеми в 552 году братом главного тюрского кагана Вумина. Иштеми и Вумин были членами тюркской династии Ашинов. Главная квартира этой обширной империи была расположена возле озера Балхаш. Примерно 60 лет западные тюрки управляли хазарами. В 567 году всадники западных тюрков переселились в волжский регион и вскоре взяли под свой контроль племена и земли Сабир, Оногур и Алан в северном Каспии. Около 570 года хазары были еще под юрисдикцией западно- тюркской империи. В 576 году западные тюрки овладели Керчью , раннее пренадлежавшей Византии. Так же субъектами Западно-Тюркской империи стали гунны в северном Каспии. Кроме того Иштеми во время своего правления получил контроль над Иранскими городами Бухарой, Самаркандом и Хорезмом. Иштеми умер в 576 году и передал управление своему сыну Тарду, который правил до 603 года. Тарду, расширил свои владения и захватил контроль над восточными тюрками. После смерти Тарду империю унаследовал Чуло (603-611). Неумелое управление им империей привело к перевороту. Его наследник Шах-Кю (611-618) сумел расширить границы империи до Алтайских гор. Наследовавший его младший брат Тонг Яхву (618-630), известный в Византии как Зиебил, будучи каганом, продолжал экспансию на восток и на запад. Его столица, которая называлась “ Одна тысяча весен “, была расположена к западу от реки Талас. Завоеванными территориями управляли губернаторы и сборщики налогов. Тонг исповедовал буддизм, его скромный образ жизни не понравился руководителям племен и 630 году они свергли его. Каганом империи стал его дядя Карлук, который правил один год. Эти события привели к гражданской войне и Западно - Тюркская империя развалилась в течение года. В этой ситуации хазары почуствовали в себе достаточно сил, чтобы стать независимыми.

История Западно - Тюркского каганата с 630 по 651годы - это история сплошной гражданской войны между конфедерациями Дулу и Нушиби. С самого начала хазары поддерживали Нушиби. Хотя война проходила с переменным успехом, все-же, в результате , Дулу одержали победу и представитель Нушиби укрылся у оставшихся ему верными хазар, где и положил начало независимой хазарской династии из рода Ашинов. Таким образом, историю Хазарского государства надо вести с 651года.

Однако, уже в первых десятилетиях седьмого века сабиры и другие племена западно -тюрского каганата перестали появлятся в источниках под их старыми именами, что без сомнения связано с увеличением престижа хазар. Номинально они оставались под властью западнотюркского царства, в рамках которого представляли наибольшую силу и наследие которого им вскоре предстояло принять.

В 627 году Византийский император Ираклий, готовясь к решающей войне с Персией, заключил военный договор с хазарами. Хазары поставили под знамена Ираклия 40 тысяч всадников под командой вождя Зеивила, участвовавших в совместном наступлении на Персию. Но потом , видимо, недовольные чрезмерно осторожной стратегией греков, развернули коней и осадили Тифлис. Однако, осада успеха не принесла. На следующий год они снова объединили силы с Ираклием, захватили грузинскую столицу и возвратились с богатой добычей.

История дает красочное описание первой встречи Византийского императора и Хазарского вождя. Ираклий встретил их около Тифлиса. Зеивил , второй человек в иерархии после кагана , завидев Ираклия, подошел к нему, поцеловал его в плечо и распростерся перед ним. Все войско хазар упало на землю лицом вниз, таким образом почтила василевса почестью, незнакомой грекам. Василевс назвал предводителя хазар своим сыном, и возложил ему на голову венец, снятый со своей головы, затем устроил пир , подарив Зиевилу всю утварь с императорского стола, впридачу с императорскими одеждами и обещал ему в жены свою дочь Евдокию. В ответ Ираклий получил пополнение в 40 тысяч всадников. Евдокия была единственной дочерю Ираклия от первой жены. Обещание выдать её за хазара свидетельствует насколько высоко ценился византийским двором союз с хазарами. Однаго, брак не состоялся -Зеивил погиб , когда Евдокия направлялась на встречу с ним.

В одной армянской хронике есть отрывок с цитатой из текста, который можно назвать мобилизационным указом хазарского правителя перед второй компанией против Персии : он был адресован всем субъектам подвласным хазарскому кагану " племенам и народам , жителям полей, гор, живущим в городе или под открытым небом, бреющие головы и носящие косы, чтобы по мановению все были готовы и вооружены". Эта цитата свидельствует о богатой этнической мозаике, которой предстояло стать хазарской империей. ”Настоящие хазары”, правившие в ней , видимо составляли меньшинство , как римляне, монголы и австрийцы в своих империях.

Как бы то ни было, во второй половине седьмого века хазары, как и Болгария, уже не провинция тюркского каганата, а самостоятельное государство со своей правявщей династией, которая заботливо сохраняла традиции тюркского каганата с его претензиями на господство над всем кочевым миром.

Итак, около середины седьмого века в степях европейской части России существовали два самостоятельных политических образования : хазарское и булгарское. По этническому составу они были родственными между собой, оба были осколками могущественной тюркской империи. Однако, хазары вместе с династией из рода Ашинов, унаследовали государственные традиции и международный авторитет тюркской державы. Булгарская конфедерация создавалось из племен в течении долгого времени враждовавших между собой и исторически мало связанных. Этноним “булгар” означает “смешанный”. Булгары стали союзом племен Гиннских, Тюркских и Иранских групп. Булгары, поселившись вдоль Дона, Кубани и Днепра , обрели свою независимость от западно-тюрксого каганата около 630 года и образовали свое государство Болгарию. Столицей Большой Болгарии стала Фаногория на Таманьском полуострове. Верховный правитель хан Кубрат, сумел объединить все булгарские и гуннские племена северного Каспия и регионов Азовского моря. Однако, еще до смерти хана Кубрата (642) союз булгарских племен распался и некоторая часть булгар, примерно с 635 года начала миграцию на запад. Остальные булгарские племена под управлением Баяна - старшего сына Кубрата заняли оставленную территорию. Хазары завоевали Большую Болгарию в 650 году и обложили булгар данью. Та часть булгар, которые мигрировали на запад, заняли Дунайско-Балканский регион. Эта миграция привела к созданию нового государства - Болгарии под управлением третьего сына Кубрата – Аспаруха. В 679 - 681 годах Аспарух и его народ пересекли Дунай и образовали новую столицу - Плиски. После смерти Аспаруха его наследовал новый хан Тервел. Булгары смешались с проживающими там славянами и приняли Православное Христианство в 864 году.

Ведомые, пришедшим на смену Баяна, вторым сыном Кубрата - Котрагом булгары пересекли Дон и обосновалась в его верховье. Позже, в 8-9 веках, они переместились вдоль Волги заняв Средне-Волжский регион. Культура и язык волжских булгар имели много общего с хазарской. Хотя булгары в дальнейшем приняли ислам, они вплоть до разрушения Хазарского Каганата в 965 году платили дань хазарам. Волжская Болгария была развитым культурным и ремесленным центром. Булгары вели обширную торговлю с европейскими и азиатскими регионами. Наследниками волжских булгар являются жители Российского Татарстана со столицей - Казань.

Покорение булгар свидетельствует о возросших возможностях хазар и роста авторитета до уровня , какого они не имели до этого времени. К концу седьмого века хазары овладели дорогой в Крым и установили в завоеванных крепостях свои гарнизоны . С появлением хазар в Черноморском регионе, они впервые соприкоснулись со сферой влияния Византии .Находясь в прямом контакте с греками, хазары постепенно осваивали интелектуальные аспекты и цивилизованное преимущество всего, о чем они узнали соприкасаясь с Византией и в значительной степени смогли на этом заработать в богатстве и мощи.

Но в это время, на другой части планеты, свежая цепь событий пришла в движение. Персидское государство так и не смогло оправиться от сокрушительного поражения нанесенного ему императором Ираклием. В результате восстания шах был убит собственным сыном, также погибшим спустя несколько месяцев. На трон был посажен ребенок, а затем последовало десятилетие анархии и хаоса, после чего на сцене появились арабские полчища, сокрушившие династию Сасанидов, правившей Персидской Империей более 400 лет.

Примерно в то же время распалась Западно-тюркская конфедерация , из осколков которой было создано хазарское государство. Прежний треугольник держав сменился другим : Исламский Халифат - Христианская Византия и новообразованное Хазарское Царство. Последним двум пришлось принять на себя всю тяжесть по отражению арабского натиска и защитить равнины Восточной Европы от захватчиков. Когда в 642 году мусульмане впервые вторглись на территории севернее Дербента , круша все на своем пути, хазары уже были организованной силой в Каспийском регионе. С этого вторжения можно начать отсчет начала столетней войны хазар с арабами. Очень важным было то, что в момент , когда исламисты захватили Персию, Сирию, Мессопотамию и Египет и взяли в смертельное полукольцо Византию, у Каспийского барьера они встретили хазар. Хотя в следующем столетии мусульманские армии неоднократно повторяли попытки вторжения в Прикаспийский регион и временами добивались успеха, арабы никогда не были в состоянии твердо поставить ногу севернее Кавказского хребта.

Для арабов колоссальной естественной преградой являлся Кавказский хребет, его можно было преодолеть через Дарьяльский перевал или обойти по Дербентскому проходу вдоль Каспийского побережья. Дербентский проход это узкая полоса между Кавказским хребтом и Каспийским морем, названная арабами"Баб-ал – Абваб" - "Ворота Ворот". Этот проход был исторической дорогой, через которую воинственные племена время от времени нападали на земли ,лежащие к югу от Дербента. Теперь пришел черед арабов. С 642 по 652 годы они неоднократно преодолевали Дербентские ворота и заходили вглубь Хазарии, где пытались взять Баланджер-ближайший город после Дербента и закрепиться на северном предгорье Кавказского хребта. Но на этой стадии арабо - хазарской войны их всякий раз обращали в бегство.

Легенда о том, что у мусульман отсутствует страх смерти, была известна хазарам . В первое время хазары экзаменовали уязвимость мусульманских рядов из засад , убивая их небольшими партиями. Ободренные успехами, они решились на генеральное сражение. Упорное сопротивление оказали хазары арабам в 651году при осаде ими Баланджера. Обе стороны имели артиллерию : мусульмане- большие и маленькие баласты , хазары имели легкие катапульты и баласты. После нескольких дней острых сражений вокруг города, хазары неожидано сделали генеральную перерекогнастировку и освободившейся кавалерией напали на мусульман. Своевременная и хорошо спланированная объединенная атака расстроила ряды мусульман . Мусульманские командиры пытались перестроить свои отряды, был слышен призывающий голос муэдзинов “храбритесь люди,ваше свидание - в раю”. Однако, смерть командующего мусульман стала сигналом для бегства. Четыре тысячи арабов были убиты.

Следующие 30-40 лет арабы не пытались одолеть хазар. В этот период их главные удары были направлены против Византии. Несколько раз они осаждали Константинополь с суши и с моря. Если бы им удалось замкнуть кольцо, перейдя Кавказ и переплыв Черное море, Восточно-Римскую империю ждала бы печальная судьба. Тем временем, хазары, покорив булгар и мадьяр, продолжили свое движение на запад, вторгнувшись в Причерноморские степи и Крым. Но это уже были не прежние набеги с целью пограбить и захватить добычу, а завоевательные войны, в результате которых покоренные народы включались в состав империи со стабильным управлением наместниками провинций, назначенных каганом и организацией взимания налогов.

В начале восьмого века государство хазар было уже достаточно прочным для того, чтобы самому перейти в наступление против арабов. Исходя из арабских источников, мир , который опустился на Каспий продолжался около 30 лет. В этом интервале хазары были озабочены покорением булгар, но большая западная экспансия уже наметилась. Процесс подготовки был закончен , примерно в 679 году. Через два года они были готовы к наступлению на Каспий.

В это же время, на другой стороне фронта халиф Абу ал-Мелик сумел расправиться с внутренними врагами и все силы арабов были вновь с необычайной энергией брошены на расширение владений ислама во всех направлениях. Арабские войска сражались в Индии , в Испании, в Африке и на Кавказе. Брат халифа Мирван уже в 693 году вознобновил набеги на Армению и Малую Азию . В 692-693 годах арабы заняли Дербентский проход, но, повидимому, не смогли его удержать. В последующие годы арабский контроль в регионе был ослаблен. Воспользовавшись этим, хазары напали на Грузию, Армению и Албанию (Албанский союз-примерно 26 племен, занимавших территорию северного Дагестана). Попытка населения оказать сопротивление было бессильно перед организованной, тактически граммотной армией. Принцы Грузии и Армении были убиты в сражениях. Однако, знаменательно, что не было попыток удержать территории к югу от Каспия. Угроза армии халифата все еще удерживала от этого шага . Оставляя разгромленные и опустошенные страны , они собрали добычу и рабов и ушли на север.

Если проследить историю хазар в хронологическом порядке, мы должны отвлечься на Хазаро-Византийские отношения. В седьмом веке между Хазарией и Византией не существовало той прочной связи, основанной на единстве политических интересов, какая установилась в восьмом веке. Молодая Хазарская держава представляла для

Византии опасного конкурента. Хазария быстро овладевала теми областями Причерноморья, которые издавна находились в сфере византийского влияния. Политическим и экономическим центром был Херсон, тесно связанный с земледельческим населением горного Крыма и игравший важную роль в торговле с кочевниками. Византия прилагала немало усилий для того, чтобы держать Крым под своим патронажем. Юстиниан I в шестом веке превратил Херсон в сильную крепость. На южном берегу Крыма были построены две новые крепости - Алушта , Гурзуф и воздвигнута целая система мощных укреплений в горном Крыму. Много внимания уделялось распространению христианства, как лучшей формы идеологического закрепления влияния власти империи. Несмотря на сильное воздействие Византии, культура местного населения Крыма, состоящее преимуществено из готов и алан, оставалась родственной культуре варварского мира. Кратковременное тюркское завоевание в 576-581 годах не вызвало существенных изменений в жизни Крыма. Незыблемыми оставались позиции Византии в Крыму и в период существования Болгарского царства Кубрата. Катастрофа разразилась с появлением хазар, которые не ограничились подчинением булгар, но стали также теснить Византию в Причерноморье. В середине седьмого века хазары проникли в Крым и заняли не только степную, но и южную горную часть полуострова, изолировав Херсон от его сельскохозяйственной периферии. Именно на времена хазарского завоевания, вероятно, и относится прекращение жизни в ряде населенных пунктов и следы нашествия в других, жизнь которых несмотря разрушения продолжалась дальше. Сам Херсон уцелел за своими мощными стенами и через некоторое время наладил отношения с новыми хозяевами Крыма. Византия, поглощенная борьбой с арабами, не могла оказать помощь Херсону и отразить хазар.

В 695 году в Херсон был сослан свергнутый с престола ипературор Юстиниан II. Кроме престола он потерял нос, отрезанный по распоряжению его соперника Леонтия. Однако, это не лишило Юстиниана надежды вернуть себе трон. Деятельность, которую он развил в ссылке, вызвало опасение среди херсонцев. Они не сочуствовали намерениям экс-императора и помышляли выдать его византийскому правительству императора Апсимара-Тиберия, который в 698 году стал императором, вместо свергнутого Леонтия. Предупрежденный об опастности, Юстиниан бежал в горную крепость Дори Крымской Готии, в то время находившейся под протекторатом хазар. Оттуда он обратился к хазарскому кагану и получил разрешение явиться к нему. Каган любезно встретил Юстиниана, обещал ему помощь и выдал за него замуж свою сестру, названную при крещении Феодорой. С разрешения кагана Юстиниан поселился в находявшемся под властью хазар городе кубанских булгар Фанагории на Таманьском полуострове. Этот город был наиболее удобным, чтобы следить за событиями в Византии и поддерживать связь с его многочисленными сторонниками в Константинополе. Когда в Византии стало известно о сближении Юстиниана с хазарским каганом , Апсимар отправил посольство с просьбой выдать соперника живым или мертвым с обещанием щедрого вознаграждения за услугу. Каган согласился исполнить пожелание Апсимара и под видом охраны Юстиниана окружили хазарской стражей. Личному представителю кагана было приказано убить Юстиниана по первому знаку. О намерении кагана стало известно Феодоре, которая предупредила мужа об угрожающей опастности. Юстиниан расправился с охраниками кагана, затем отослал жену к её брату, и с несколькими приближенными бежал в Дунайскую Болгарию. С помошью хана дунайских болгар Тервила ему удалось захватить Константинополь и после десятилетнего изгнания вернуться на Византийский трон. Юстиниан принял меры к возвращению своей семьи в Константинополь. Феодора и её сын были благополучно доставлены в Константинополь и венчаны на царство. Статуя хазарской царевны была поставлена рядом с её мужем.

В 710 году, через пять лет после своего возвращения, Юстиниан снарядил большой флот против города в котором он был в ссылке . Этот поход был вызван тем, что опасавшиеся мести херсонцы отложились от империи , организовали местное самоуправление и отдались под протекторат Хазарии, в связи с чем в городе появился хазарский наместник (тудум). Видимо, Юстиниан одновремено преследовал более широкие задачи - возратить Византии не только Херсон, но и Боспор и другие бывшие Византийские владения. Неожиданным нападением Херсон был занят войсками Юстиниана без сопротивления. В городе был захвачен тудум и арестованы все представители власти. Протополита Зоилавместестудумом в оковах отправили в Константинополь, а остальных знаменитых мужей сожгли заживо. Жителей ограбили, частично перебили и обратили в рабство. Однако, Юстиниан остался недоволен действиями флота и приказал ему немедлено вернуться для продолжения операции. Осталась невыполненной вторая задача-возвращение из- под власти хазар других городов Крыма. Но на этот раз флот сильно пострадал от бури, число погибших определяли в 75 тысяч человек. Юстиниан собирался послать другой флот, но в это время жители Крымских городов ,узнав о намечаемой экспедиции Юстиниана, послали послов к кагану просить войско для своей защиты. В самом Херсоне вспыхнуло восстание против Юстиниана, во главе которого стал знатный армянин Вардан, которого еще Апсимар заподозрил в намерении захватить трон и выслал его в Херсон. К восстанию примкнул назначенный Юстинианом правитель Илья. Узнав об этом, Юстиниан направил в Херсон патриния Георгия с отрядом в 300 всадников с поручением навести в городе прежний порядок и вернуть хазарского тудума и протополита Зоила. Юстиниан пытался, таким образом, ликвидировать последствия своей опрометчивой политики путем восстановления того положения, которое было в Херсоне до его возвращения Византии. Но херсонцы к этому времени зашли слишком далеко, они стерли имя Юстиниана с города и прочих крепостей и провозгласили царем Вардана-Филиппика. Восстание охватило уже не только Херсон но и другие города Крыма и вылилось в правительственный переворот. Херсонцы захватили посланцев императора, двух сановников убили, а начальника отряда и тудума с протополитом отправили к кагану. В дороге тудум умер. Хазары на его поминках перебили всех 300 солдат этого отряда вместе с их начальником. Подчинение Херсона хазарам произошло без нажима со стороны последних и было результатом доброй воли самих Херсонцев. Однако, после восстания против Юстиниана херсонцы не отдались снова под власть хазар - экономически и культурно Херсон был слишком тесно связан с Византией, чтобы согласиться на разрыв с империей. Восстание с самого начала развертывалось с целью общегосударственного переворота, а не как событие местного значения. Надо отметить, что хазары не воспользовались тяжелым положением , в котором оказался Херсон, для того чтобы подчинить его своей власти, а поддержали его в борьбе с центральным правительством. Хотя хазары поддержали Вардана, но ради союза с Византией не претендовали на Херсон, не желая себе новых неприятностей. Юстиниан отправил против Херсона большое войско под начальством патрикия Мавриния с задачей полностью уничтожить город и его жителей. Прибывшее на кораблях войско осадило мятежный город и успело разбить осадными орудиями две городские башни. Подоспевшие на выручку крупные силы хазар заставили прекратить осаду. Сняв осаду, византийские войска не выполнили приказ императора и побоялись возвращения в Константинополь. Им ничего не оставалось как отложиться от Юстиниана и примкнуть к Вардану. Они вступили в переговоры с новым императором и принесли ему присягу. Получив крупный залог от византийского войска, каган обеспечил безопасность Вардану и отпустил его. Вардан, названный императором Филиппиком , во главе флота переправился в Константинополь и захватил трон. Юстиниана и его сына от хазарской жены убили. Так погиб в 711 году последний из династии Ираклия, правившей Византией более 100 лет.

В результате хазары обеспечили за собой прочный и долговременный союз с Византией и договорились о совместных действиях против общего врага-арабов и разделе сфер влияния в Закавказье.

Смуты и дворцовые перевороты в Византи благоприятствовали придприятиям арабов , и с начала восьмого века арабы все ближе и ближе подступали к столице империи -Константинополю. Новое вторжение арабов в Закавказье, сопровождавшееся организацией самоуправления на захваченных территориях, привело к столкновениям с хазарами, которые впоследствии выступили против арабов не только самостоятельно , но и как верные союзники Византии, спасшие последних от окончательного разгрома. Хазары не раз оттягивали на себя силы арабов и тем самым давали возможность своей союзнице оправиться и подготовиться к ответным ударам.

В 706-707 годах арабы, завоевавшие крепостиигородаАзербайджана,произвели набег на селения вблиз Дербента, а в 708-709 годах арабы завладели Дербентом. На этот вызов хазары ответили только в 710-711 годах после того, как закончили свои дела с Византией. Хазары попытались захватить Албанию и сумели оккупировать Дербент и северную прибрежную часть Каспия, но ненадолго. Однако в 713-714 годах арабы вновь заняли Дербент. В Дербенте находился трехтысячный хазарский гарнизон, который втечение трех месяцев удерживал крепость. Арабам удалось взять крепость только благодаря измене одного из жителей города, который за вознаграждение показал подземный ход в крепость. Вырезав защитников, арабы разрушили стены и крепостные башни, так как не считали возможным удержать

Дербент за собой. Из арабских источников следует, что арабская армия дошла до города Тарку. Жители города дали знать о нашествии кагану, который встретил арабов с большим войском. Враждебные армии несколько дней стояли друг против друга, не решаясь вступить в битву. Каган ждал подкрепления, а арабы боялись численного превосходства хазар и искали способа отступления. Наконец, арабам удалось обмануть противника и оставив лагерь со всем имуществом, скрыться в горных лесах, а затем пробраться в Иверию.

Отразив арабов, хазары не замедлили вновь вторгнуться в Албанию и Азербайджан. Во время правление халифа Омара (717-720) в Азербайджан проникло 20 тысячное войско хазар которое хозяйничало в северной части страны. Посланные халифом войска разбили хазар и вытеснили их из северного Каспия.

В это же время недостаток продовольствия, холода и греческий огонь вынудили арабов в 718 году снять осаду Константинополя и удалиться из Малой Азии. Немалую роль в неудаче арабов сыграли диверсии хазар в Закавказье.

В 721-722 годах хазары были уже в Армении, где уничтожили направленное против них войко мусульман и захватили их лагерь. В том же году наместник Армении Джаррах выступил против хазар с сильной армией. Узнав о появлении Джарраха, хазары отошли к Дербенту настолько поспешно, что арабы не успели их настигнуть. Получив сведения, что вождь лезгин переписывается с предводителем хазар, Джаррах распространил слухи, что он останавливает движение для пополнения запасов, и разбил лагерь у реки Рубас вблизи Дербента. Затем Джаррах, неожидано для хазар, ночным маршем быстро подошел к крепости и еще до рассвета занял её без сопротивления. После чего Джаррах двинулся к городу Нарвану, где встретился с хазарами, во главе которых стоял сын кагана. Источники по разному определяют численность войск с той и другой стороны, но наиболее вероятно, что арабов было 25 тысяч, хазар 40 тысяч человек. После жестокого сражения хазары обратились в бегство , потеряв 7000 убитыми, против 4000 потерь со стороны арабов. Вслед за этим арабы подступили к городу Хамзину. Жители его сдались без сопротивления и обязались платить арабам ежегодную дань. Далее Джаррах направился к городу Тарку и осаждал его шесть дней, пока жители его не запросили пощады. Выселив жителей и разрушив крепость, Джаррах двинулся к Баланджеру. Население вокруг Баланджера, очевидно кочевники, застигнутые арабами , окружили свой лагерь более чем тремя тысячами телег поднятых на высокий холм и связанных канатами и под этим прикрытием, сражались с врагом. Поливая противника тучей стрел, застопорили продвижение мусульман. Наконец , один из мусульман поднял свой ятаган и кинул клич " мусульмане, кто из вас желает посвятить себя Аллаху", множество его единомышленников присоединились к нему и в порыве приняв клятву смерти, под тучами стрел подобрались к телегам и, разрубив связывающие их канаты, растащили телеги скатив их вниз по склону. Вскоре путь для атакующих был расчищен и схватка стала всеобщей. Несмотря на отчаянное сопративление, хазары были сломлены. Правитель Баланджера сумел сбежать с 50 человеками и укрылся в Семендере. Лагерь его со всем имуществом, женами и детьми достался победителям. Добыча была столь велика, что каждый всадник из войска арабов получил имущества на 300 дирханов Если количество получателей не сильно преувеличено - 30000 это составляет большую сумму, что говорит о богатстве хазар. Вместе с другими были захвачены и проданы с публичных торгов жена и дети правителя Баланджера. Купил их сам Джаррах за 100 тысяч дирханов, а затем отослал их мужу и отцу, чем расположил его к арабам. Пленых было так много, что по приказу Джорраха большую часть утопили в реке. Тем жителям, которым удалось спастись, бежали на север.

Джаррах хотел продолжить поход до Семендера, но получив от правителя Баланджера сообщение, что хазары подготовили крупные силы, а в тылу против него объединяются покоренные им горские племена, поспешил вернуться и расположился на зимние квартиры в Шеке. Отсюда он обратился к халифу Язиду за подкреплением, но тот умер , не успев на него отреагировать. Наследовавший ему Хишам только пообещал Джарраху помощь. Для предотвратщения набегов хазар в Звкавказье, весной следующего года Джаррах направился в Аланию , чтобы завладеть Дарьяльским проходом , где у него произошли столкновения с хазарами, которые также стремились удержать алан под своей властью. Аланы это группа племен Сарматско-Скифского происхождения, которая поселилась в районах Северного Кавказа заняв бассейны верхнего и среднего течения Терека и Кубани. Подробности и результаты этого похода Джарраха неизвестны. Имеются сведения лишь о том, что “по ту сторону Баланджер” он завоевал несколько городов и захватил большую добычу. В 725-726 годах халиф Хишам отстранил Джарраха от управления Арменией и Азербайджаом и назначил на его место Масламу, уже принимавшего участие в делах Заквказья и войнах с хазарами. Сын халифа и рабыни, не имеющий права на трон, Маслама в течении двух десятилетий был опорой Омейдянского могущества и главным лицом арабского востока. Его личность была легендарной. Назначение его в Закавказье свидетельствует о большом значении, которое придавалось ситуации в этом регионе, в особенности на фронте войны с хазарами. Маслама назначил своим заместителеи Саида ибн - Амр ал - Хараши. С прибытием Масламы периодические столкновения между арабами и хазарами не прекращались. В 725-726 годах арабы под командованием Саида неоднакратно нападали на территорию хазар, а годом позже хазары под руководством сына кагана вторглись в Азербайджан. В 727-728 годах Маслама совершил удачный поход в Хазарские владения со стороны Азербайджана и вернулся с добычей и пленными. В 728 - 729 годах он повторил вторжение через Дарьяльские ворота. Проникнув в Хазарию, Маслама встретился с войском кагана и сражался с ним около месяца. Проливные дожди заставили арабов вернуться без существенных успехов.

Все эти походы не мешали хазарам вновь и вновь нападать на арабские владения в Закавказье. В 729 -730 годах арабам опять пришлось отражать их нашествие на Азербайджан. В этом же году халиф Хишам отозвал Масламу и опять поручил управлять Закавказьем Джарраху.

Джаррах в том же году вторгся из Тифлиса в Хазарию и дошел до низовья Волги и благополучно вернулся обратно. В ответ на непристанные атаки арабов, хазары организовали серьезное наступление на своих врагов в 730-731годах. Большое войско напало на Азербайджан. Хазарская армия прошла через Дербент и, перейдя Аракс, вторглась в Закавказье, убивая на своем пути всех мусульман, где бы они не находились. Зимовавший как обычно в Шаки, Джаррах, узнав о появлении хазар, двинулся к Ардебилю, где поджидал противника. Часть своих войск он разослал для охраны других областей, которым грозило вторжение хазар. Благодаря информации, полученной от грузинского князя, хазары были хорошо осведомлены о положении и размещении арабских войск. Хазары осадили город Варсан на реке Аракс. Джаррах бросился на помощь осажденным, но встреченный хазарами был вынужден отступить к Ардебилю, где занял неприступную позицию. Не дождавшись подкрепления из Сирии, Джаррах решился на опасную вылазку в долину Ардебиля, где его встретили превосходящие силы хазар. Два дня держались арабы, но к вечеру второго дня безнадежность положения стала очевидной. Лучшие силы арабов погибли. Ночью многие из уцелевших скрылись и рассеялись по Азербайджану. На рассвете третьего дня у Джарраха оставались только раненные и павшие духом. При первой же атаке арабы побежали. Тогда один из воинов Джарраха воскликнул "В рай мусульмане, а не в ад! Идите по пути Аллаха, а не дьявола". Вспомнив, что умершим в бою с неверными , уготовано райское блаженство, мусульмане воспрянули духом и остановились. Большинство билось насмерть. Сам Джаррах был убит, а жена и дети его достались победителю. Хазары овладев Ардебилем, всех жителей способных носить оружие перебили, а женщин и детей забрали в плен. Захватив огромную добычу, хазары рассеялись по окрестностям, произведя грабежи, бесчинства и насилия. Всех мусульман они убивали.

Хазары продолжали опустошать Азербайджан, разрушили Тавриз, и достигли окрестностей Мосула. Халиф опять обратился к Масламе, а до его прибытия организацию сопротивления поручил известному Саиду, которому собственоручно дал знамя и 30 тысяч отборных воинов. Воспользовавшись тем, что хазары, занятые грабежом, разделились на отряды, арабы начали нападать на них истребляя по частям. Прибыв в Закавказье, Саид собрал остатки армии Джарраха и захватил города ,расположенные на озере Ван, сделав свою ставку в городе Баку, незатронутом хазарским нашествием. Из Баку пошел к Байлекану и расположился около него. Здесь к нему явился один из местных жителей и рассказал, что хазарский тархан находившийся в его селении ничего не знает о прибытии арабов, и он день и ночь пянствует и захватил его единственную дочь. Саид отправил в это селение отряд воинов, которые незаметно приблизились и напали на дом, где жил тархан. Изрубив предводителя и других хазар, мусульмане возвратились с добычей и с девушкой, которую возвратили отцу. Это была первая победа. В это время когда хазары осаждали город Варсан, Саид послал одного из жителей предупредить осажденных о близкой помощи. Хазары перехватили его в пути к городу и узнав зачем он послан, предложили ему порекомендовать осажденным сдаться, рассказав, что на помощь арабов расчитывать не приходится. Посланец Саида притворно согласился , а когда его допустили к крепостной стене, прокричал осажденным то , что ему велел Саид. Так ценой собственной жизни посланец Саида выполнил поручение. Хазары убили его на месте, а затем увидев дым из множества костров, зажженных арабами, сняли осаду и ушли от Варсана, так как полагали , что на них идет многочисленное арабское войско.

Прийдя в Варсан, Саид присоединил к своему войску до 20 тысячи воинов из местных жителей и начал решительное наступление на хазар. Узнав, что поблизости расположился 20 тысячный отряд хазар, экскортирующий 5 тысяч пленных мусульман, в том числе дочь Джарраха, Саид послал к хазарам лазутчика, знавшего хазарский язык. Пробравшись в лагерь, лазутчик предупредил пленников о близком освобождении. Перед рассветом арабы, окружив хазар, напали на них, пленники со своей стороны набросились на конвой и только не многим хазарам удалось спастись бегством. В следующий раз Саид разбил отряд хазар, возвращавшийся с бльшой добычей, в том числе с гаремом Джарраха, освободив жен и дочерей своего предшественника.

После ряда поражений хазары направили против Саида большое войско. Но к этому времени , Саид также собрал большую армию, состоявшую из местных жителей, готовых драться с хазарами и двинулся навстречу врагам. Хазары сначала опрокинули мусульман и загнали их на гору. Но Саид воодушевил своих воинов и они бросились в контратаку и отбросив хазар обратили их в бегство.

Оправившись от поражения, хазары числом не менее 100 тысяч человек вновь двинулись против Саида, армия которого состояла из 50 тысяч. Новая встреча произошла в Мучаньской степи. Во время сражения, арабы увидели возле преводителя хазар, сына кагана с насаженной на копье головой Джарраха. Саид во главе отряда с такой яростью бросился на неприятеля, что прорвался до самого хазарского царевича, и ударом в голову сшиб его с лошади. Хазары отбили своего вождя, но не смогли отразить мусульман и обратились в бегство. Саид преследовал их до Ширвана, где остановился ожидая новых инструкций. Ко времени прыбытия Масламы с хазарами в Закавказье было покончено.

Наместникхалифабылкрайненедоволен успехами своего предшественника и даже засадил его в тюрьму за нарушения приказа, запрещающего вступать в столкновения с хазарами до его прыбытия. Халиф отменил решение Масламы и заставил наградить Саида. Утверждая пошатнувшуюся власть арабов, правление Масламы сопровождалось жестокостью и коварством. Осадив один из городов Ширвана, он поклялся жителям, что ни один из них не будет убит. Однако, затем, после сдачи города, приказал всех перебить, кроме одного человека, которого оставил живым. Он попробовал преследовать хазар, в холодную , дождливую и снежную зиму и даже дошел до Дербента. В Дербенте он оставил коменданта, а сам вернулся.

В следующем 732 или 733 году Маслама , заключив союз с горскими племенами Южного Дагестана, опять двинулся к Дербенту, где снова успели утвердиться хазары. Не задерживаясь на взятие цитадели города, где засела тысяча хазарских воинов, он занялся основательным опустошением хазарских владений. Разделившись на отряды, арабы занимали города и крепости, сжигали, убивали и забирали в плен не успевших скрыться жителей. Наиболее крупные города, оказались оставленными населением. Никого не было и за горами Баланджера -околоСемендера куда дошел Маслама. Возле Варачана арабов втретило войско хазар во воглаве с каганом.

И на этот раз при встрече с основными силами хазар произошло то, что не раз имело место в войне арабов с хазарами.

Маслама решил отступить. Чтобы обмануть противника, он приказал жечь лагерные костры до рассвета, а сам с армией бросив палатки и тяжелый багаж, форсированным маршем устремился в обратный путь к Дербенту Когда хазары приблизились, арабы успели оправиться от поспешного отступления и встретили их к северу от города. Арабы и их союзники целый день отражали атаки хазар. К вечеру хазарский дезертир указал Масламе, где находится каган. Особо подобранный отряд пробился к его повозке сквозь густые ряды стражи, охранявших кагана. Каган был ранен , но в суматохе сумел спастись бегством. Воодушевленные успехом, арабы предприняли общее наступление и отогнали хазар.

Отразив хазар, Маслама занялся осадой цитадели Дербента и засевшей там тысячей хазар. Арабы безрезультатно осаждали крепость. Наконец, по совету одного местного жителя Маслама приказал отравить воду источника, поступающей в цитадель, заставив защитников прекратить сопротивление . Под покровом ночи хазары бежали. Маслама заново укрепил Дербент, построил в нем арсенал и магазины для хранения продовольствия, поселил колонию сирийцев состоящей из 24 тысяч человек для охраны крепости. После этого Маслама отбыл в Сирию к халифу, назначив своим приемником Мервана, двоюродного брата халифа.

Узнав об отезде Масламы , хазары стали вовращаться в свои города в Северном Дагестане. Тогда Мерван собрал 40 тысяч воинов и в том же году, несмотря на сильные дожди и грязь, двинулся к Баладжеру. Поход этот получил название грязного. Рассказывали, что во время похода грязь налипала на хвосты лошадей настолько, что Мерван приказал их обрезать. Другие подробности похода неизвестны, кроме того, что Мерван благополучно вернулся с большим количеством захваченного у неприятеля скота. На некоторое время Мервана сменил заместитель Масламы Саид, но он вскоре ослеп. И Мерван опять прибыл в Закавказье. Во время своего пребывания в Багдаде, он был приглашен халифом , где изложил свое виденье войны с хазарами. Главным препятствием в войне с хазарами он считал, что хазары заблаговременно узнают о намерении арабов и успевают подготовиться к их отражению. Они собирают настолько большие силы, что арабам не остается ничего другого, как позаботиться о благополучном отступлении. Мерван просил у халифа армию в 120 тысяч человек.

Заручившись согласием халифа , Мерван в 735 году вернулся в Закавказье, но здесь ему прежде всего пришлось усмирять восстание грузин. За проявленную жестокость и беспощадность грузины назвали его “глухой”. Только в 737 году , после основательной подготовки, Мерван приступил к выполнению своей основной задачи - завоевание Хазарии. Мерван принял меры к тому, чтобы ввести в заблуждение хазар. Специальный посол был послан к хазарам для того, чтобы заключить с ними перемирие и уверить кагана, что военые приготовления ведутся не против хазар, а против алан. Для утверждения договора к Мервану прибыл хазарский посол, который был задержан, пока арабы заканчивали подготовку к походу. Под командованием Мервана собралось до 150 тысяч человек, в состав армии вошли не только арабы, но и отряды закавказких князей, в том числе отряды армян. Мерван решил атаковать хазар одновременно по двум направлениям - через Дарьяльское ущелье и через Дербент. Сам он с главными силами выступил по первому пути. Обе армии должны были соединиться в Семендере. Хазарского посла держали в неведении относительно целей похода, и только, когда обе армии соединились, он был вызван к Мервану, который оскорбляя его, обявил хазарам войну. Но даже потом посол был отправлен кружной дорогой, чтобы хазары возможно дольше не знали о намерениях арабов. Когда посол прибыл к кагану, арабы уже глубоко вторглись в страну. Перепуганному кагану ничего не оставалось делать, кроме бегства из столицы, так как достаточных сил для сопротивления не успели собрать. Каган ушел по левому берегу Волги вверх по течению, а столица осталась под прикрытием отряда в 40 тысяч человек с хазар -тарханом во главе. Застигнутые врасплох , хазары расчитывали, что это войско задержит Мирвана под Итилем, а тем временем каган успеет собрать достаточные силы для отражения врага. Каган направлялся в Заволжье, где жили подвластные или союзные хазарам племена.

Мерван разгадал намерения хазар. Выйдя из Семендера, он быстро достиг хазарской столицы, находившейся в низовьях Волги. Учитывая ширину реки и множества протоков её обширной дельты, Мирван не стал тратить время на переправу через реку и захват столицы. Мерван со всей возможной скоростью устремился за каганом по правой стороне реки. Его задача заключалась в том чтобы настичь кагана прежде, чем он соберет значительную армию.

Выше хазарской столицы находилась странабуртасовонапростираласьдостраны волжских булгар. И буртасы и булгары в то время находились в подчинении у хазар. Теперь буртасы оказались беззащитными перед мусульманским нашествием. Арабы опустошили их страну и взяли в плен 20 тысяч семей.

С уходом Мервана армия хазар-тархана, как показывает её наименование , состоящая из собственно хазар, незачем было оставаться в Итиле, и она последовала за Мерваном по противоположной стороне Волги с тем чтобы соединитья с каганом. Узнав об этом от разведчиков, Мерван решил атаковать хазар. С целью устроить засаду, сильный отряд мусульман по понтоному мосту ночью переправился на левый берег. После переправы арабы встретили небольшой отряд хазар из 20 человек , с которым легко расправились. Как оказалось, во главе отряда был хазар - тархан, который с соколами и собаками отделился от своей армии чтобы поразвлчься охотой. Хазарское войско шло параллельно арабскому и отделенное широкой рекой , чувствовало себя в совершенной безопастности. Вечером, того же дня , переправившись на левый берег Волги арабы обнаружили лагерь хазар, беспечно расположившийся на ночь. Арабы бесшумно приблизились к нему и были замечены только тогда, когда подошли к нему вплотную. 10 тысяч хазар было убито, 7 тысяч попало в плен, остальные разбежались. Только при опросе пленных выяснилось, что охотник со свитой был предводителем хазарской армии.

В ту же ночь, перед рассветом экспедиционный корпус арабов возвратился к основным силам Мервана с насаженными на копья головами хазар-тархана и его свиты.

Узнав о гибели свей армии, каган отправил к Мервану посла с просьбой о мире. Мерван потребовал обращения кагана в ислам, угрожая в случае отказа , поставить на его место другое лицо. Посол попросил три дня сроку, чтобы вернуться к кагану и принести его ответ. У кагана не было выхода и он согласился принять ислам. Другими словами, подчиниться арабам, так как принятие ислама означало не только религиозную, но и политическую зависимость от халифата. Для ознакомления с мусульманской религией, Мерван, по просьбе кагана, отправил ему двух учителей-фанихов. Некоторые затруднения вызвал вопрос пищи. Каган специально интересовался, что разрешается ему есть из мяса и можно ли пить вино. После некоторой дискуссии между учителями ему было сообщено об абсолютном запрещении “нечистого мяса, крови, свинины и вина “Каган должен был согласиться с этим и вместе с семьей и некоторыми из своих приближенных приняли ислам. Мерван подождал пока каган вернулся в свою столицу, восстановил его власть и с большой добычей и 40 тысячами пленных вернулся в Закавказье. Так закончился быстрый рейд Мервана.

Мерван расчитывал, что обращение кагана в мусульманство обеспечит покорность хазар арабам, как это было во многих других случаях арабских завоеваний. Однако, Хазария была не похожа на других подчененных арабами стран. В ней еще не существовало тех острых социальных противоречий, которые в других случаях способствовали утверждению власти арабов над покоренными народами. Чтобы держать хазар в подчинении надо было оставить в стране сильную армию. Сделаь это Мерван не смог, поэтому эффективное завоевание Хазарии оказалось эфемерным. Стоило арабам удалиться, как все потекло по старому, в чем арабы не замедлили убедиться. Поход Мервана был последним крупным военным предприятием арабов против хазар. Хазария стояла на краю гибели и спаслась лишь из-за недостатка сил у арабов. Не будь этого, история

Восточной Европы сложилась бы совсем иначе. Распространение мусульманства и восточной цивилизации на ряд столетий остановилось на пороге Европы. Этих столетий было достаточно для того, чтобы в Восточной Европе сложилось Русское государство, со всеми культурными традициями, связанными с европейским миром. Последующее распространение мусульманства рядом с христианским Русским государством уже не могло существенным образом повлиять на направлениие культурного и политического развития Восточной европы. Роль Хазарии в этом направлении исторического развития бесспорна, они остановили арабов так же, как это сделали франки Карла Мартела в Пиренеях. Хазары, остановившие натиск ислама, унаследовали развитую социально - политическую традицию Тюркского каганата и военное исскуство, не уступающее арабскому. Именно поэтому продвижение арабов остановилось на границе Прикаспийских степей. Успехи арабов во многом определялись численным перевесом, возникшим за счет использования людских и денежных ресурсов Ирана, Ирака, Сирии и других многолюдных стран. В то время как хазары располагали малонаселенной территорией, мобилизация в которой была затруднительна вследствии того, что известная самостоятельность местных племен сохранялась при включении их в систему хазарского каганата.

Сильный удар нанесенный Мерваном, заставил хазар в дальнейшем проявлять большую осмотрительность в своих отношениях с арабами и на время прекратить нападения на Закавказье. События, связанные с походом Мервана, со всей очевидностью показывают, что ко времени этого похода, иудейская религия еще не была религией ни кагана, ни основной массы хазар. Вместе с тем, нет решительно никаких данных, которые бы свидетельствовали, что силой навязанное мусульманство удержалось у хазар какое-либо значительное время. После ухода Мервана хазарский каган, как и основная масса его поданных как были язычниками так и остались ими, отбросив даже формальную принадлежность к религии своих победителей.

Как бы там ни было, столетняя война с арабами закончилась и впереди было 200 лет относительно благополучной и спокойной жизни. Хазария была устроена по дуалистической системе правления, которая состояла из кагана и бека. Главой государства считался каган. По этой причине Хазария была названа “каганатом “. Каган был священным духовным лидером страны. Он жил уединено и показывался народу не чаще , чем один раз в четыре месяца на почтительном отдалении. Такое отношение к кагану было известно еще в середине седьмого века. Каганство передавалось по наследству членами царской семьи Ашинов. Тюрки верили, что каган был создан на небесах богом неба Тенгра и послан на землю исполнять его миссию. На продолжительность правления и жизни кагана было наложено ограничение. Так для срока правления приводится цифра в 40 лет , после чего его убивали, так как он терял способность управлять в связи с преклонным возрастом. Убийство проходило удушением путем сжимания шелковой нити вокруг шеи. Некоторые ученные полагают, что хазары оставили древнюю тюркскую традицию убийства кагана и после обращения их в иудаизм. Однако, большинство сходятся во мнении, что учитывя гумманизм иудейского учения, с этим ритуалом было покончено. Жену кагана называли “ хатун “. По некоторым источникам у кагана был гарем из 25 жен, состоящий из дочерей правителей сопрягаемых и подчененных государств и племен. Очевидно, после принятия иудаизма полигамия исчезла из обычая. В дальнейшем , для краткости изложения, будем называть хазар-иудеев также евреями. После обращения только еврей имел право становиться каганом. Иудейство каганата сопровождалось предоставлением евреям высших должностей , что способствовало созданию привеллигированного слоя иудеев в хазарских правительственных структурах. Совершено ясно, что в стране создалась хазарско-иудейская элита. Иудаизм стал преимущественной религией в хазарском государстве. Однако, нет никакой достоверенной информации насколько глубоко иудаизм внедрился в племенные общины

В истории Хазарии статус кагана временами менялся от духовного лидера до руководителя страны и командующего армии. Известна его лидирующая роль в подразделениях, которые вторглись в Южный Прикаспий в 798-799 годах. В это время не чуствовалось влияние бека в жизни хазар. Однако, в 830 году каган разделил ответственность с беком и оба подписали письмо- обращение к византийскому императору Теофилуссу о помощи в строительстве крепости Соркел. Основываясь на имеющихся свидетельствах, можно заключить, что между 838 и 843 годами военное и политическое руководство постепенно опять перешло от кагана к беку. Влияние кагана стало ограниченным и он снова превратился в духовного лидера.

Государственными делами, в том числе военными , занимался бек, представлявший светскую власть. Один из историков предложил занятную аналогию - он сравнил хазарскую систему управления с шахматами. На шахматной доске двойное царствование, олицетворяющееся королем (каган) и ферзем (бек). Король находится в изоляции охраняемый слугами, имеет мало власти и может совершать одношаговые ходы. Ферзь выступает самой могущественной фигурой, доминирующей на доске. Тем не мение, утрата ферзя не означает конец партии, тогда как падение короля символизирует завершение игры.

Одной из наиболее ответстенных обвязаностей бека было руководство армией, как в мирное так и в военное время. Большая часть хазарской армии была наемной и регулярной на профессиальной основе. Эта армия была не похожа на армии других стран в этом регионе. Никто из правителей этой части земли не имел регулярную армию, кроме хазарского каганата. В хазарскую армию были включены солдаты-мусульмане, которые во время страшной засухи и эпидемии в Хорезме бежали из страны и попросили убежища в Хазарии. Когда Хазария воюет с мусульманами, они не участвуют в военных действиях. Также у хазар служили славяне -русские солдаты, буртасы и представители других народов. Когда одна часть армии участвовала в сражениях, другая выделялась для охраны городов, семей и имущества населения.

Хазары продолжали тюркскую практику взятия заложников. Захваченная армией добыча собиралась в лагере бека, часть добычи из наиболее ценных вещей он оставлял у себя, остальное делилось между воинами.

Бек жил в столице с декабря по апрель, празднуя здесь ханукю и пасху, в остальное время его резиденция находилась в степи в шатрах. Неизвестно какие административные обязаности выполняли третий и четвертый лица в иерархии правительства, которые соотвественно назывались -“ кеноер” и “явшихар “. Следующую позицию в табели о рангах занимал тархан. Который в основном служил как командир воинских соединений. Тархан Чорпан руководил экспедицией в Армению в 630 году. Известный тархан под именем “ Ас Тархан “возглавлял операции большого масштаба в 762 - 764 годах в Южном Каспии. В восьмом веке титул тархан часто присваивали местному правителю.

Судопроизводство в хазарии было организовано по открытой и четкой системе. Верховный суд в Итиле состоял из двух евреев, двух мусульман, двух христиан и одного язычника. Евреи судились по законам торы, масульмане - по закону шариата, христиане - по византийским законам. Язычников судил представитель славянского населения Хазарии. Большинство дел обслуживали торговые тяжбы, в том числе и иностранных торговцев. Участие в хазарском суде представителей всех религий указывает на толерантную модель мирного сосуществовании различных конфессий. Установленная система правосудия в Хазарии несравнима с тем религиозным беспределом в судах Западной Европы и Византии в средние века.

Главой местного самоупрвления в провинции , то что сейчас называется губернатор, именовался “тудум “, который назначался каганом. Хазарские тудумы контролировали часть Крыма, включая Херсон и Дорис. Также назначались официальные управители с титулом “ баликчи “, которые управляли Керчью и Самкарашем. Баликчи рассмтривались как хранители водных границ государства. Само название баликчи на хазарском языке обозначает “ рыбак “Известны хазарские баликчи которые упрвляли Керчью с восьмого по десятое столетия. В 930 году, в царствование кагана Иосифа, военачальником там был еврей Песах, который известен тем, что заставил ретироваться из Крыма русского князя Олега. В некоторых городах в дополнение к назначеному каганом правителю избирался еще представитель из местных жителей.

Входящие в состав Хазарии племена и народности , такие как мадьяры , гунны, волжские булгары, буртасы и другие управлялись своими королями, царями или князьями. Со второй половины восьмого стлетия хазарская империя контролировала обширные территории между Черным и Каспийским морями, включая Волжский регион и часть районов Уральских гор. В её состав входили множество этнических групп: булгары, аланы, буртасы, гунны, мадьяры , центрально -славянские племена , крымские греки и готы. Много восточных славян платили дань хазарам до середины девятого века, а некоторые до десятого века. Русская хроника, примерно 859 года, сообщает, что хазары наложили дань на полян, северян и вятичей, состоящую из беличей шкурки за каждый очаг. Жители других племен и народов, подвластных хазарам, платили дань на регулярном, установленном законом , порядке. Булгары платили ежегодную дань еще в девятом и в первой половине десятого столетия. Еще одним значительным источником доходов

Хазарии являлись налоги с производимой продукции. Налогами облагались кузнечная продукция, ювелирная, доходы от растениеводства и животноводства. Особым налогом облагались доходы от торговли. Собранные дань и налоги расходовались на содержание армии, охрану границ, судопроизводство и другие многочисленные государственные нужды.

В раннем периоде столицей хазарского государства был город Баланджер, расположенный в южной части реки Кума. В 720 году хазары перевели столицу в Семендер. После арабского вторжения , между 730 и 750 годами столицей стал Итиль, который исполнял свою роль до конца существования государства. Столица Итиль располагалась по обеим сторанам Волги. Восточная часть называлась " Хазаран", западная " Итиль ", между собой они соединялись понтонным мостом. Итиль был расположен на острове вблизи западного берега. Западная половина была окружена кирпичной крепостной стеной. Там размещались дворцы кагана и бека, жилища их слуг и шатры "чистокровных хазар ". В стене было четверо ворот, которые выходили на реку. Восточный берег был населен ремесленниками и торговцами. Жили здесь мусульмане, евреи , христиане и язычники. Здесь находились мечети, синагоги, бани, базары и другие общественные служебные помещения. Население столицы оставалось здесь на зимний период, а весной перемещалось со своими шатрами в степи, где жили до следующей зимы.

Первая офицальная столица Хазарии - Баланджер- была основана тюркскими народами, которые селились в Персидской Империи в 560 годах. Баланджер становится столицей нового независимого хазарского государства в середине седьмого века. Город идентифицирован со станицей Верхне Чирюстовское расположенной в Кизлярском районе северного Дагестана, на реке Силак - южный приток Терека. Баланджер был известен как центр развитой ремесленной культуры. В городе производили высококачественные гончарные изделиях, здесь находились металлургические мастерские по переработке цветных металлов.

Второй столицей Хазарии был город Семендер. Город был построен Персией в шестом столетии. Точное местоположение города неизвестно, предположительно он находился на пол- пути между Дербентом и Итилем на северной оконечности Каспийского моря. Город был столицей в короткий период времени до 720 года. После перенесения столицы в Итиль он оставался составной частью каганата. Семендер был крупным торговым и ремесленным центром в котором жили мусульмане , христиане и евреи, для которых были построены мечети, церкви и синагоги. Город был окружен множеством садов и виноградников.

Город Киев находился под управлением хазарского каганата примерно до второй половины девятого века. В ранний период , Киев был заселен хазарами и мадьярами. Русская хроника писала, что Киев был основан тремя братьями - Кий, Щек и Хорив и описывет город как подвластный хазарам, позже перешедший в руки варяг , пришедших из скандинавских стран. Хотя некоторые историки считают, что братья были полянами, большинство авторитетных ученых связывает братьев с хазарами и возможно они были этническими хазарами. Дословно из русской хроники звучит так : "и мы (киевляне) живущие здесь , платим дань Кию, Щек и Хорив -князьям хазарским "Одна из частей Киева , основанная хазарами в начале девятого столетия, называлась " Самбата". Имеется версия, что "Самбата " означало " шаббат" . Если версия верная, это подтверждает, что много хазар в Киеве чествовали еврейский день отдыха. От 840 до 878 года городом по прямым указаниям каганата управляли мадьяры. В десятом столетии Киев состоял из трех районов : Гора (цитадель), Хопирев (внутренний город) и Подол (торговоэкономический центр). В восьмом столетии в Киеве проживало , примерно, восемь тысяч человек, на Подоле одна тысяча жителей. В десятом столетии в Киеве уже, вероятно, проживало пятнадцать тысяч, а на Подоле две тысячи жителей. Благоприятное расположение Подола - близкое к Днепру, способствовало активной коммерческой деятельности этого района. Подол известен так же как ремесленная зона Киева, жители Подола занимались производством ювелирных изделий, резьбой по камню и кости , обработкой металлов и гончарным ремеслом. Один из районов Подола назывался Козар. Так называемое " Киевское письмо " (будет упомянуто в дальнешем) демонстрирует связь еврейской общины Киева с Хазарией. В соответствии с Г. Вернадцким хазарские евреи жили на холме известном как Хоровитский. В начале десятого столетия варяжские князя убили правителей Киева Аскольда и Дира и захватили власть над городом.

Из известных на Украине городов, которые управлялись хазарским каганатом, был Чернигов. Расположенный на правом берегу Десны, Чернигов был основан в восьмом-девятом веках. Кроме хазар в Чернигове жили северяне и другие западнославянские племена, которые платили дань каганату.

1 Карта Крымского полуострова во времена Хазарского Каганата

Важным для хазар было распространение сферы влияния на Крым. В управлении городами Крыма хазары часто сотрудничали с Византией. Безусловно главным городом Крыма был Херсон. Херсон, древний греческий город, был расположен на Крымском полуострове, возле места, где сейчас находится Севастополь. Херсон еще сохранился в поздние средние века. К середине седьмого столетия хазары завоевали весь Крым, кроме Херсона. Около 710 года хазары завладели Херсоном и назначили своего тудума управлять городом. Однако, в течении всего времени хазарского управления влияние византийской культуры и образа жизни были преобладающими. Византия возвратила себе город в 834 году. Хотя большая часть Крыма в девятом и десятом столетии оставалась под византийским контролем, греки часто испытывали трудности в управлении городами. Несмотря на трения, периодически возникавшие между Византией и Хазарией, ремесленное производство и торговля процветали и коммерческие связи Хазарии с Херсоном были широко распространены. В конце десятого века большая часть Херсона была разрушена и сожжена в результате вторжения киевского князя Владимира, который недолго контролировал город.

После принятия Киевом христианства и женитьбы Владимира на византийской принцесе Анне Херсон был возвращен Византии.

На восточной оконечности Крыма, у Керченского пролива, напротив Таманьского полуострова был расположен большой хазарский город - Керчь. Так как Керченский пролив соединяет Черное и Азовское моря, город занимает важное стратегическое положение на пути к Дону и Волге. Основание Керчи относится ко времени ранних поселений древних греков в Крыму. Построенная хазарами в восьмом столетии, Керчь была их первой крепостью в Крыму . Стены крепости были толщиной 2, 5 метра и окружены двумя вырытыми параллельными рвами. В городе находился постоянный хазарский гарнизон. Управлял Керчью, поставленный каганатом, баликчи. Большинство историков сходятся во мнении , что лидер города и его свита были евреями.

Среди городов-крепостей, таких как Феодосия, Судак, Дорос южнее современного Симферополя около Бахчисарая, был расположен город Чуфул - Кале . Город был населен хазарами, которые построили здесь крепостные сооружения. Даже в средние века там все еще проживало много евреев. На татарском языке Чуфул - Кале переводится как еврейская крепость.

До девятого века никаких соперников в господстве в Крыму , на северном Причерноморье и примыкающих к нему лесостепных областях Приднепровья у хазар не было . Хазарское государство, по крайней мере, в течении полутора столетий было полным хозяином Восточной Европы и представляло собой мощную плотину, запиравшую Урало-Каспийские ворота из Азии в Европу. В течении всего этого времени, оно сдерживало натиск кочевников с востока. В девятом веке в этой плотине появились трещины, через которые в Причерноморские степи вторглись новые орды. Первыми сюда были вытолкнуты мадьяры. Вслед за ними появились печенеги. На среднем Днепре появилось воинственное Русское государство, тревожившее своими смелыми морскими походами Византию и хазарские владения по берегам Черного моря. Всвязи с этим хазарам пришлось принять меры для охраны своей территории со стороны западных соседей. Одним из таких мероприятий было сооружение крепости Саркел на Дону.

Для построения Саркела хазары обратились в 838 году за содействием к Византии. Из этого обращения отчетливо видно, что во главе Хазарии стояли каган и бек, так как обращение исходило от обоих. Византийский император удовлетворил просьбу хазар и направил для построения крепости своих специалистов. Построение крепости было закончено, примерно, в 842 году. Место сооружения было выбрано на левом берегу Дона близ теперешней станицы Цымлянская. Крепость имела прямоугольную форму, длиной 186 и шириной 126 метров. Кирпичные стены имели толщину 3, 75 метра. По углам были построены массивные четырехугольные башни. Кроме угловых, были еще башни вдоль стен крепости. В двух из них были встроены ворота. В восточной части крепости, где ворот не было, находилась цитадель -командный пункт гарнизона. Крепость строилась из кирпича, судя по их форме и особено по характерным знакам, изображенным на них, кирпичи производились без участия византийцев. Кладка стен также не византийская. Саркел не был византийской крепостью как произведение зодчества. Со временем около крепости вырос небольшой город, примерно, из ста домов. Население Серкела включало представителей азиатских , славянских и других народов приморских регионов.

Хазарская империя была одна из древнейших в Европе. Она состояла из многих этнических сообществ: тюрков, иранцев, арабов и народов Прикаспийского региона. Эти народы исповедовали иудаизм, ислам, христианство и другие религии. Иудаизм стал наиболее распространенной и влиятельной верой среди хазар. Часть хазар, живущих в Семендере и Итиле, примерно, в 690 годах приняли ислам. Иногда принятие ислама сопровождалось переселением в Азербайджан. Много мусульманских купцов мигрировали в Хазарию, потому что здесь было справедливое правосудие.

Христианство также практиковалось в Хазарии. Крымские готы, пришедшие из северной Европы, исповедовали христианство с шестого века. Готы являлись представителями одного из Северо-Германских колен, которые эмигрировали в Крым. Точная дата их появления в Крыму неизвестна. Язык готов иденцифицирован как один из Восточно-Германских диалектов. Иммиграция христиан - иконников из Византии послужила росту христианской общины Крыма. В восьмом веке Хазарский тархан Георгий принял Христианство. Иконники подвергались преследованиям противниками иконопочитания, которые представляли самый верхний уровень власти при поддержке императоров ЛьваIII (717-741) и Константина V (741-775). Противники икон обосновывали свои соображения тем, что изображение на иконах святых приравнивается к запрещенным в библиии изображениям идолов. То , что хазарские лидеры приветствовали иконников в своем государстве, указывет на толерантность к различным религиям, в контрасте с религиозными диктатурами в христианских и в исламских странах. Хазария выделялась как относительно цивилизованная страна, не склонившаяся ни к одной из противоборствующих религий, превратившаяся в естественное убежище для евреев, спасавшихся от Византийского религиозного ига, насильственного обращения в христианство и других притеснений. Преследования евреев в различных видах началось при Юстиниане I (527-565) и приняли особо свирепые формы в седьмом веке при Ираклии. В восьмом веке при Льве III, в девятом веке при Василии и Льве IV, в десятом при Романе издавались новые законы по дискриминации евреев в империи. Например, Лев III, правивший два десятилетия, непосредствено после обращении хазар в иудаизм, попытался одним ударом покончить с непорядком, повелев всем своим подданным евреям принять крещение. Несмотря на неудотворительное исполнение императорского повеления, оно в значительной степени повлияло на массовый исход евреев из Византии.

Однако, отдавая дань религиозной терпимости в Хазарии, все - таки повидимому не все было так безоблачно - так арабский источник рассказывает, что в одном из городов в ответ на то, что мусульмане разрушили синагогу, каган велел разрушить в горде мечеть, а муллу и муэдзина казнить.

Культура хазар не описана детально в исторических документах. Арабские источники писали, что хазары не производили экспортную продуцию, кроме желе и рыбьего клея. Одежду, они уверяют, импортировали из Туркенстана, Персии, Азербайджана, Армени и Византии. Однако, эти источники не совсем корректны. Археологические раскопки – главный источник этого неявного объекта. Археологические находки показывают, что хазары производили товары как для внутреннего потребления, так и на экспорт. При раскопках были обнаружены мастерские по обработке металлов и гончарные мастерские. Среди обнаруженных образцов были ювелирные изделия с тюркскими мотивами. Хазары производили много верхней одежды из кожи, декорированные ремни, сбрую для лошадей и седла. В большом объеме производилась продукця растениеводства, животноводства и рыболовства. Большинство хазар разговаривали на тюркском языке, но многие были знакомы с языками других народов, проживающих в империи. Подвластные хазарам народы также обладали высокой культурой ремесленного производства как для внутреннего потребления , так и на экспорт.

На высоком берегу Северного Донца, где сегодня расположилось небольшое село Верхний Салтов, 10 веков назад шумел средневековый город с белокаменной крепостью и населением в несколько тысяч человек. Здесь в окрестностях Верхнего Салтова открыта целая археологическая культура - Салтовская, связанная с хазарским каганатом. Городище было расположено на возвышенном правом берегу, который поднимается здесь на 35 метров над поймой реки. Городище состояло из крепости и огромного селища. Цитадель размером 160 на 140 метров сложена из двух рядов известковых плит. Толщина стен 3, 5 - 4 метра, высота стен повидиму достигала 10 -12 метров. Могильные сооружения салтовцев довольно сложны и свидетельствуют о высоком мастерстве строителей. В салтыковских погребениях найдено много вещей, которые либо украшали покойника, либо должны были сопутствовать его потусторонней жизни : инструменты, оружие, предметы туалета. Вещи, найденные в погребениях , могут много рассказать о повседневной жизни салтовцев. Например, ониукрашалиодежду литыми и штампованными бубенчиками, нашивками из мелких бус. На кожаные пояса нашивали бронзовые или серебряные бляхи, орнаментированные различными узорами. Мужчины и женщины носили золотые, серебряные и бронзовые серьги, причем мужчины только одну. В большом количестве встречаются бусы из разноцветного стекла, сердолика, горного хрусталя, коралла, кости и раковин. В бусы иногда добавлялись арабские серебряные монеты. Салтыковцы пользовались зеркалами из белой бронзы.

Население Верхнего Салтово состояло, в основном, из асеев. Асеи являлись частью аланского народа, локализованного в разных регионах. В городище и прилегающем к нему районе располагались многочисленные мастерские с высоким уровнем развития производства. Металлургия, гончарное дело и некоторые другие хозяйственные занятия выделялись в самостоятельные ремесла. Находки свидетельствуют об оживленных торговых связях с народами Северного Кавказа, Среднего Поволжья, Ирана, Византии и Китая.

Все это , как и размеры городища, дает основание предполагать, что Салтов был административным центром хазарского каганата в северных землях. На население крепости возлагалась обязанность контролировать подчиненные хазарам славянские племена и взимать с них дань, обеспечивать безопасность прохождения караванов по торговым маршрутам. Для этого в крепости присутствовал многочисленный воинский контингент. Погребения на противоположном берегу реки указывают, что на воинской службе, кроме асеев, состояли также представители славянских племен и мадьяры.

Следы пожара , прослеженные на всех раскопках, свидетельствуют о том, что Верхне Салтыковское городище прекратило свое существование в результате военного нападения. Подстрекаемые Византией, аланы вместе с гузами и печенегами выступили против хазар. Хазары жестоко расправились со своими бывшими союзниками. Не надеясь удержать алан в свей власти ввиду постоянных угроз, исходящих от союза последних с печенегами, хазарам ничего не остовалось как начисто ликвидировать городище и крепость. В начале десятого века аланские поселения в районе Верхнего Салтыково прекратили свое существование.

Разведение домашнего скота, рыболовство и охота были важной частью производственной деятельности хазар. Производство зерновых превалировало во многих районах Хазарской Империи, особенно в северной зоне, в то время как кочевое скотоводство было распространено в районах южной степной зоны. Археологические раскопки свидетельствуют, что хазары употребляли плуги, мотыги, серпы, косы, лопаты и другие инструменты для обработки земли и сбора урожая. Из зерновых культивировались просо, пшеница, рожь, ячмень и конопля. Для измельчения зерна использовались каменные жернова. В огородах выращивали огурцы, бахчевые и другие овощи. В Прикаспийских районах, в Крыму и на Дону были обширные районы садоводства и особенно виноградарства. Большинство хазар, в том числе и в городах, жили в юртах, наряду с этим было небольшое количество домов, сделаных из глины. Обычно это были круглые строения с открытым очагом в центре. Возле домов обитали домашние животные : лошади, верблюды, кошки и собаки. Со временем хазарский дом усовершенствовался, становился больше, со стенами из дерева, утепленный снаружи и внутри, с дымовой трубой наружу. Хазарский каганат способствовал развитию активной комерческой деятельности на территории южной России и Украины. Главными торговыми партнерами хазар были русы, арабы, китайцы, огузы, тюрки и рахданиты (еврейские купцы знающие пути). Хазары иногда чеканили свою монету как иммитацию арабских денежных знаков.

г. Хазария в VIII–X веках

Оказавшись на перекрестке важных торговых путей, хазары играли важную роль в международной торговле. Сами хазары производили немного товаров. Отсюда шли скот, кожа, и рыба , которая на судах доставлялась в Констатинополь. Славился хазарский рыбий клей. Через Хазарию , как промежуточную инстанцию, во множестве проходили различные меха из России и Волжской Болгарии. Особено ценились булгарские соболи, буртаские лисицы, русские куницы и бобры. Из северных стран шли воск, мед, янтарь, железные изделия, в том числе оружие. Не менее важным товаром были рабы, продажа которых проходила на специальном рынке в Итиле. Из Итиля все товары поступали на рынки Азербайджана, Армении, Ирана, Византии и доходили до Багдада и даже Александрии. В обмен, на север шли изделия восточного ремесла, много тканей и в огромном количестве серебряная монета.

В Итиль , главный торговый центр Хазарии, съежались купцы из разных стран мира. По Волге на ладьях прибывали русы и булгары, по Каспийскому морю прыплывали купцы из стран Закавказья и Ирана, приходили купцы из Хорезма и других областей Средней Азии. Европейские купцы добирались до Итиля или сухим путем через Венгрию и Русь, или по Черному и Азовским морям до Дона и вверх по реке до переволоки на Волгу. Одни купцы заканчивали свои дела на рынках Итиля и возвращались назад, другие только проходили через город, третьи обосновывались в Итиле, как наиболее удобном месте для своих торговых операций и становились хазарскими купцами, хотя хазар по происхождению среди них было мало. Хазары не имели своего флота и только на речных лодках совершали недалекие перевозки. Однако, на суше они обслуживали торговые караваны проводниками , транспортными средствами и необходимой охраной.

Еврейские купцы, так называемые радханиты, были среди тех, кто пересекал Хазарию, когда направлялись в Китай, Индию и в другие страны Азии. Торговая активность радханитов развивалась с середины восьмого века до середины девятого. Радханиты экспортировали из Китая и Восточной Азии шелк и различные специи : корицу, мускатные орехи и камфору. Радханиты были, как сейчас говорят, полиглотами - они знали множество языков тех стран по которым проходил их нелегкий путь. Предполагается, что радханиты проживали в Южной Франции - Провансе, так как все четыре описанных маршрута начинаются в Провансе. Имеется версия, что предки радханитов пришли из Ирака с восточного побережья Тигра, известного в среднии века как район Радхан. Путешествия радханитов способствовали установлению экономических и культурных связей между Восточной и Западной Европой и открыло для Западной Европы страну с еврейским управлением.

Одним из самих знаменательных и уникальных событий в истории Хазарии было принятие страной иудаизма как государственной религии. Археологические раскопки указывают, что евреи жили в Прикаспии и на Кавказе, включая Грузию, вдоль северного побережья Черного моря и в других районах Восточной Европы со времен Римской Империи. Следы еврейских поселений и синагог находят в управляемой Римом Паннонии (современная Венгрия) и датируются , примерно, третьим веком. Археологические находки на территории Восточной Европы, включали в себя каменные плиты с еврейкими именами и выгравированной минорой. Выгравированные миноры были так же обнаружены на кольцах, амулетах и масляных глиняных лампах. Наиболее известные древнееврейские поселения в Восточной Европе, возможно, были в Крыму и на Таманьском полуострове. Еще задолго до средневекового периода, тысячи евреев из Египта, Сирии, Малой Азии эмигрировали в Боспорское королевство. Они поселялись в Керчи, Феодосии, Тмутаракани, Анапе и вдоль северного побережья Черного моря в сегодняшнем регионе Краснодарского края. Часть евреев поселялась в городах северо -западного Крыма, по реке Буг и вдоль побережья Черного моря возле сегодняшней Одессы. Евреи в этих регионах были активно заняты в производсте ювелирных изделий, керамики, торговле скотом, зерном и рыбой. Среди найденных надписей , некоторые приглашают рабов для службы в синагогах их конгрегарций. Надпись на одной из мраморных плит, примерно 50 годов, упоминает об освобождении раба, которому гарантировано опекунство еврейской общины. Другая надпись из Боспора, примерно 80 годов, сообщает : раб Нераклас освобожден женщиной Чресте в синагоге. Однако, эти рабы не становились официально евреями, но зарабатывали статус " богобоязненых ". В Пантекапеуме найдено много плит , выгравированные минорой. Находки датируются от второго до четвертого века. Как мы видим, большая еврейская диаспора существовала в Восточной Европе еще до образования Хазарской Империи. Через несколько веков большинство Крыма вошло в состав Хазарской Империи. Отсуствует информация, чтобы определиться в какой степени еврейские общины древнего Крыма уцелели и достигли Хазарской эпохи.

Хазария стала спасительной обителью для многочисленных преследуемых евреев из Европы и Азии. Евреи, пришедшие через Армению в Хазарию, даже в отдаленных районах, при смешанных браках проводили обряд обрезания. Однако, упоминается, что ритуал “субботы “ не был универсально принят среди хазар до официального их обращения. Еврейские иммигранты, кроме того , что обучали хазар, они вместе работали и сражались против врагов страны. Многочисленные волны еврейской иммиграции, очевидно, сыграли главную роль в поощрении хазар к принятию иудаизма.

Обращение хазарского двора имело, несомненно, политические мотивы, но было бы ошибкой вообразить, что люди слепо, в один присест перешли к исповедованию религии с неведомыми догматами. Напротив, перед обращением они, как миниум столетие знакомились с евреями и их религиозной практикой. Известно, что среди варваров севера, Хазария выделялась, как относительно цивилизованная страна, еще не склонившаяся ни к одной из противоборствующих религий и превратившаяся в естественное убежище для евреев. Единственная милость, проявленная историей к беглецам, заключалась в существовании Хазарии и до и после её обращения. До обращения она служила убежищем для беглецов, а позже обратилась в подобие национального гнезда. Беглецы были представителями более высокой культуры и стали важным фактором формирования космополитизма и терпимости. Их влияние, их мессионерский пыл первыми ощутила придворная знать. Видимо, евреи умело сочетали теологическую аргументацию, мессианство, пророчество и разумные политические соображения по поводу преимуществ, которые получили бы хазары от перехода в " нейтральное вероисповедание ".

В условиях возросшего международного значении Хазарии, вопрос о её государственной религии приобрел в восьмом веке большую политическую остроту. Могущественная хазарская держава была бы желанным союзником как для Византийской империи, так и для арабского халифата, изнемогающих в непрекращающейся борьбе друг с другом. Обе империи неоднократно пытались обеспечить прочные дружественные отношения с хазарами родственными связями с каганатом . И та и другая сторона с еще большей настойчивостью старались навязать хазарам свою религию, как лучшую форму подчинения хазар своим политическим интересам. Поэтому перед правительством Хазарии стала диалема-либо христианство, либо ислам. Хазары выбрали третью религию, которая обеспечила им вхождение в круг средневековых цивилизаций и сохранила самостоятельное положение между борющимися сторонами.

Во время правления бека Булана, очевидно, в конце восьмого столетия или в начале девятого, Хазария официально приняла иудаизм. С некоторой долей достоверенности можно утверждать, что обращение произошло при правлении халифа Харун ал-Рашида в промежутке между 786 и 809 годами. Булан стал первым еврейским правителем Хазарии. Он пользовался большим авторитетом, как командущий хазарскими войсками , одержавшими ряд славных побед над врагами. Основным источником тех легендарных событий по обращению хазар к иудаизму, является письмо кагана Иосифа, которое будет приведено ниже. Согласно письму, принятие иудаизма стало возможным в результате победы евреев в дебатах против христиан и мусульман. Историки сходятся на том, что принятый хазарами иудаизм, был раввинистского, а не караимского толкования. Считается, что секта караимов возникла в седьмом веке в Багдаде в результате движения против раввинизма, поднятого Ананом Га-Нанси. Сторонники её признают только книги Моисея и отвергают Мишну и Талмуд. Эта секта быстро получила широкое распространение в Константинополе и в Андрианополе. Остается неизвестным их появление в Крыму. Возможно, что караимы смешались с остатками хазаро-болгарского населения Крыма, исповедующих иудаизм, и распротранили среди них свое учение. Название караимы, первоначально означавшее принадлежность к религиозному вероучению, закрепилось за группой в качестве этнонима. В царской России караимы, не в пример евреям, пользовались полнотой прав.

Во время второй мировой войны агентство Эйхмана направило запрос к трем ученным раввинистам, находящимся в концлагерях, о том являются ли караимы этническими евреями. Все три раввина дали отрицательный ответ и этим спасли жизни тысячам караимов. В дальнейшем все трое погибли в лагерях.

Безусловно, что официальное принятие иудаизма коснулось в начальный период бека, кагана и верхушки социальной пирамиды страны. Принятие иудаизма связано с определенными трудностями: обрезание, огрничения в приеме пищи, необходимость знания языка для чтения молитв, не говоря о выполнении всех 613 заповедей торы, объязательных для евреев. Обретение иудаизма хазарами представлял постепенный процесс, который начался с политической необходимости и медлено завладел их сознанием. Следующим этапом были реформы Обадьи. Согласно письма Иосифа, Обадья был человек праведный и справедливый. Он обновил царство и укрепил веру согласно закона и правил. Он выстроил дома собраний (синагоги) и дома учений и собрал множество мудрецов израильских, и они объяснили писания Мишну и Талмуда и весь порядок молитв. Это произошло через два поколения после Булана. Некоторые историки считают, что это совпало с чеканкой первых хазарских монет в 838 году. Другие относят эту дату дальше ко второй половине девятого века.

У многих историков возникают разногласия - как глубоко в хазарские массы проник иудаизм. Безусловно, что во второй половине девятого века это уже не была религия только хазарской аристократии, но, очевидно, не охватила полностью все хазарские племена. Если все современники, посетившие Хазарию в первой половине девятого века, писали, что в Хазарии каган и бек евреи, то во второй половине девятого века, писали, что хазары исповедуют иудаизм. Эти же современники при описании хазарского судопроизводства указывали, что в Верховном суде страны язычников представляет не хазар, а представитель славянского населения. Это означает, что хазары к этому времени от язычества отказались и растворились в трех главных религиях: исламе, христианстве, но преимущественно приняли иудаизм. Самым существенным в процессе обращении хазар было то, что приняли они иудаизм добровольно. Однако, большинство в стране было мусульман и христиан, потому что самих хазар было меньшинство.

Хазары практиковали стандартный раввинистский иудаизм и выполняли следующие основные законы торы:

1. **Обрезание**
2. **Празднование Хануки и Пасхи**
3. **Исполнение законов субботы**
4. **Исполнение законов кашрута**
5. **Упрощение похоронных ритуалов - единичные могилы**
6. **Отказ от идолопоклонства**
7. **Присвоение новорожденным еврейских имен**
8. **Строительство синагог**

9. Употребление древнееврейского языка, как в религиозном служении, так и для письма.

Перейдем к главному еврейскому источнику истории Хазарии и их обращения в иудаизм, это так называемая " хазарская переписка"- письма на древнееврейском языке, которыми обменялись еврей Хасдай ибн Шафрут, главный министр Кордовского халифата и Иосиф - царь хазар. Подлинность этой переписки долго вызывала сомнения, но сейчас она всеми признается подлинной, со скидкой на вольности, допускавшиеся позднее при переписке. Обмен письмами имел место в 954-962 годах. Здесь приводится письмо, копия которого находится в Петербургской Публичной библиотеке.

ПИСЬМО ХАЗАРСКОГО ЦАРЯ ИОСИФА

Письмо царя Иосифа, сына Аарона, царя Тогармского, - да хранит его Господь. Творец его. – к Хасдаю. главе (ученого) собрания. Сыну Исаака. сына Эзры.

Много счастья от царя Иосифа , сына Аарона, могучего царя, которого не обращают в бегство (никакие) войска и не заставляет отступать назад вид (никаких) полчищ, боящегося Господа , трепещущего перед его словами, мудрого и почитающего мудрых, смиренного и приближающего (к себе) униженных, избравшего (себе) слова закона, старающегося всем сердцем и всеми силами заслужить благоволение своего творца, к своему возлюбленному, дорогому р. Хасдаю, , сыну Исаака, сына Эзры, вожделенному для него и почитаемому для им, - да хранит его и спасает Бог, увенчанного мудростью.

Я извещаю тебя, что пришло к нам письмо твое, увенчанноое красотой (твоей) речи, через одного иудея из страны Н – М - Ц (Германия) по имени Исаака, сына Элиэзера. И мы обрадовались о тебе и восторгались твоим разумением и твоей мудростью. И было написано в нем о местонахождении твоей страны и об отдаленности от этого места (черты) равенства дня и ночи; о происхождении Абд - Рахмана, царствующего над ней, о почете и великолепии царства и величии его, и о помощи, оказанной ему богом в отношении подчинения областей с востока, как они были (раннее) под властью его предков; о тех затруднениях, благодаря которым твое письмо поздно пришло к нам, вследствии отдаленности (всех) народов отсюда и прекращения (прихода) купцов, и как ты сомневался в этом, пока о могуществе вашего государства не стало слышно во всех концах земли и не стали все цари земли воздавать почет вашему царю, (как) тогда стали приходить в вашу страну посланцы царя Кустандины (Константинополя) с дарами (от) её царя и (как) они рассказали вам истину о нашем досударстве и нашей вере , извести о чем вы считали раньше лживыми и чему вы не верили. Ты просил (затем) сообщить тебе верные сведеяния о нашем государстве и о нашем происхождении, о том, они (наши предки) приняли религию Израиля, которой Бог осветил наши глаза, поднял нашу мышцу и сокрушил наших врагов. Ты просил еще сообщить тебе о размерах нашей страны и о народах, живущих кругом нас, как тех, которые с нами в дружбе, так и тех, которые с нами воюют, и о том, случается ли нашим посланцам приходить в вашу страну, чтобы воздать почет вашему уважаемому и (всем) приятному царю, - да сохранит его творец его! – который своим хорошим поведением заставил (все) сердца полюбить его и прямотой своих поступков привязал их к себе, (ты просил сообщить это) ввиду того, что израильтяне были довольны этим, и оно стало украшением для их сердца и позволило им смелее отвечать, хвалиться и величаться перед теми народами, которые говорили, что у Израиля нет остатка и нет (нигде) места, где (у него) была власть и государство.

Мы отвечаем , давая тебе ответ по каждому предмету, в ответ на твое письмо, будучи в восторге от тебя и в радости от твоей мудрости, с которой ты говоришь о своей стране и происхождении того, кто над нею царствует. Давно до нас доходили и давно между нашими предками писались письма и счастливые пожелания. Это сохранено в наших книгах, известно всем старикам нашей страны. И мы постоянно слышим о вашей стране и величии ее царя, - да сохранит его творец его, и да возвратит ему бог царство его предков (бывшее у него) в стране восточной , как ты говоришь. Мы возобновим то, что было прежде между нашими предками, и оставим это в наследство нашим потомкам.

Ты спрашиваешь меня в своем письме “из какого народа, какого рода и племени ты ? “ Я сообщаю тебе, что я (происхожу) от сынов Иафета, из потомства Тогармы. Так я нашел в родословных книгах моих предков , что у Тогармы было десять сыновей , вот их имена первенец- Авийор, второй -Турис, третий- Аваз, четвертый - Угуз, пятый- Бизл-л (Басил), Т-р-на, седьмой - Хазар, восьмой - Янур, девятцй-Б-лг-р (Булгар), десятый - Савир. Я (произхожу) от сыновей Хазара, седьмого (из сыновей). Уменя записано, что когда мои предки были еще малочисленны, всесвятой, -

благославен он, -дал им силу мощность и крепость. Они вели войну за войной со многими народами, которые были могущественнее и сильнее их. С помощью божией они прогнали их заняли их страну, а некоторых из них заставили платить дань до настоящего дня. В стране в которой я живу, жили прежде В-н- н-тр (хунногундуры). Наши предки, хазары, воевали сними. В-н-н-тр были более многочисленны, так многочисленны, как песок у моря, но не смогли устоять перед хазарами. Они оставили свою страну и бежали, а те преследовали их, пока не настигли их, до реки по имени "Дуна " (Дунай). До настоящего дня они расположены на реке " Дуна" и поблизости от Кустандины, а хазары заняли их страну до настоящего дня. После этого ушли поколения, пока не появился один царь, которго имя было Булан. Он человек был мудрый и боящийся (бога), раб господа, упавающий всем сердцем на своего творца. Он удалил из страны гадателей и идолопоклоников, и искал защиты и покровительства у Бога. Ему явился ангел во сне и сказал ему " О, Булан!Господь послал меня к тебе сказать: О, сын мой! Я услышал моленье твое, и вот благославлю тебя, распложу тебя и очень, очень умножу тебя, продолжу царство твое до тысячи поколений и предам в руку твою всех врагов твоих “. Он встал утром и поблагодарил господа, и стал еще больше почитать его и служить ему. И явился ему ангел вторично и сказал ему: “ О, сын мой! Я увидел твое повидение и одобрил твои дела. Язнаю, что ты будешь всей душей и всей силой твоей следовать за мной. Я хочу дать тебе закон и правило, если ты будешь соблюдать (эти) мои заповеди и законы, (я благославлю тебя и умножу тебя)”Он отвечал ангелу, который говорил с ним:” О, господин мой! Ты знаешь помыслы моего сердца и расследовал нутро мое, (ты знаешь), что я возложил свое упование только на тебя. Народ над которым я царствую, (люди) неверующие. Я не знаю поверят ли они или нет. Если на меня снизошло милосердие твое, явись к такому -то князю, который (есть) среди них“. Всесвятой-благославен он, -исполнил желание его и явился тому человеку во сне. Он встал утром, пошел и рассказал (это) царю, а царь собрал всех князей и рабов своих и весь свой народ и изложил перед ними все это. Они приняли (новую) веру, пошли и стали под покровительством Шехины (букв “пребывание божие “, “слава господня “) Этому уже 340 лет. И он еще раз явился ему и сказал ему: ”О, сын мой! Небеса и земля не вмещают меня. Ты, все –же, построй храм во имя мое, и я буду пребывать в нем”. Он отвечал ему:”О,

Владыка мира!Ты знаешь, что нет у меня в распоряжении серебра и золота. На что я построю (храм) ? Он сказал ему: “Крепись и мужайся! Возьми народ твой и войско твое и иди по пути к “ Д - ралан”, (Дарьяльское ущелье), в страну Ар-д-вил (город Ардебил в Азербайджане). Вот я вложу в сердце их страх и ужас перед тобой и отдам их в твои руки. Вот я приготовил тебе два склада: один, полный серебра, и один, полный золота. Ты их возьмешь , а я буду с тобой, охраню тебя и помогу тебе, и ты доставишь (это) имущество благополучно (к себе) и построишь на ненго храм во имя мое”. И он поверил Господу и сделал, как тот (ему) сказал. Он пошел и вел многие войны и одержал в них, с помощью всемогущего, победу. Он опустошил (этот) город, взял имущество и благополучно вернулся. Он посвятил их (Богу) и выстроил благодаря им шатер, ковчег, светильник, стол. Жертвенники и священные сосуды. По милосердию Господа и силе всемогущего, они до настоящего дня целы и хранятся в моем распоряжении (т. е. у царя Иосифа). После этого слух о нем (царе Булане) распространился по всей земле, и услышали о нем царь Эдома (т. е. царь христиан) и царь исмаильтян и послали своих посланцев и послов с великим имуществом и великими многочисленными дарами, вместе со своими мудрецами, к царю, чтобы склонить его (перейти) в их веру. Но царь был мудр, - да будет душа завязана в свертке жизни у Господа, его Бога! Он приказал привести (также) мудреца из израильтян, хорошо разузнал, расследовал и рсссросил (его) , а (затем) свел их вместе, чтобы они спорили о своих верах. Они опровергали слова друг друга и не мог ли остановиться на (какой-либо) одной вере. Когда царь это увидел, он сказал им: " Теперь идите к себе домой, а на третий день придете ко мне. Они пошли к себе домой. На другой день царь послал к священнику царя Эдома и сказал ему: "Я знаю, что Эдома более велик, чем все цари, и что его вера есть вера прекрасная и почитаемая. Я (уже) облюбовал твою веру. Я только пошу тебя оветить на один вопрос. Скажи мне по правде, и я помилую тебя и окажу почет, что ты скажешь : если взять еврейскую веру и веру исмаильитян, то которая из них лучше, по твоему ? " Священник отвечал и сказал ему: " Да живет царь вовек! Если ты спрашиваешь касательно веры, то во всем мире нет веры, подобной израильской вере. Всесвятой, -благославен он, -избрал Израиль изо всех народов и племен, назвал его " мой первенец ". Совершил для них великие чудеса, вывел из страны египетской и спас от руки фараона и от египтян, перевел их между частями моря по суше, а преследователей их утопил в глубинах морских, низвел им манну для утоления голода и дал им воду из скалы для утоления их жажды, дал им закон из огня и пламени, пока не привел их в землю Ханаанскую и не построи им святилище. После всего этого они возмутились (против него), согрешили и извратили веру, и он разгневался на них и отвел их в изгнание, отверг их от лица своего, и рассеял на все стороны. Если бы не случилось так, то небыло бы во всем мире веры такой, как израильская. Что (такое) вера исмаильтян в сравнении с (верой) израильской? Нет ни субботы, ни праздников, ни заповедей, ни законов; они едят всякую нечисть, мясо верблюдов и лошадей, мясо собак, всякую мерзость и всяких пресмыкающихся. Вера исмаильтян не есть (настоящая) вера, но подобна верам (прочих) народов земли". Царь отвечал ему и сказал ему: "Ты высказал эти слова свои по правде , и я окажу тебе милосердие и отшлю тебя спочетом к царю Эдома". На второй день царь послал и позвал ал-кади (судью) царя исмаильтян и сказал ему : " Я спрошу тебя об одной вещи. Скажи мне по правде и не скрывай (ничего) от меня: если взять веру христиан и иудейскую веру, то которая из них тебе кажется лучшей?". Кади отвечал ему:" Иудейская вера это истинная вера, и у них есть заповеди и законы, но когда они согрешили, всесвятой, - благословыен он, - разгневался на них и предал их в руки врагов их. Но искупление и спасение (остается) заними. Вера христиан не есть(настоящая) вера, они едят свиней и всякую нечесть, поклоняются делу своих рук и нет у них надежды (на спсение). "Царь отвечал ему и сказал ему: " По правде ты сказал мне, и я окажу тебе милосердие" На третий день он позвал их вмести и сказл им. "Говорите и спорьте друг с другом, и выясните мне , какая вера хороша". И начали (говорить) и с порили друг с другом, но не могли утвердить свои слова, пока царь (наконец) не обратился к священнику и сказал ему : "Что ты скажешь если взять иудейскую веру и веру исмаильтян, то которая (из них более) почтенна/"Священник отвечал и сказал: " Вера Израиля более почтенна, чем вера исмаильтиан". Царь спросил (затем) кадияи сказал ему: " Что ты скажешь? Если взять веру христианскую и веру Израиля, то которая из них более почетная?". Кадий отвечал и сказал (ему) :" Вера Изральтян более почтенна ". Тогда царь отвечал (им):"Если так, вы(уже) собственными вашими устами признали, что вера Израиля (наиболее) почтенна, и я уже выбрал себе веру Израиля, (как) веру Авраама, по милосердию Божию, силой

Всевышнего. Если Господь будет мне помощником, то имущество, серебро и золото, о котором вы сказали мне, мой Бог, на которого я уповаю и к защите и покровительству которого я прибегаю, доставит мне без мучения. А вы идите с миром в вашу страну”. С этого самого времени и впредь всемогущий (Бог) помогал ему, утвердил его силу и укрепил его мышцу. Он совершил над самим собой , своими рабами и служителями и всем своим народом обрезание, и (затем) послал (посланцев) и доставил (к себе) изо всех мест мудрецов израильских, и те объяснили ему закон (Моисея) и изложили ему в порядке заповеди. До настоящего дня мы держимся этой веры, да будет благословенно имя Всесвятого , - благословен он – и превозносено именование его вовеки. С того дня, как вступили мои предки в эту веру, Бог И зраиля подчинил им всех их врагов и ниспроверг всякий народ и племя, живущее вокруг них, как царей Эдома, так и царей исмаильтян и всех царей (прочих) народов земли, и никто не поднимался пред ними, а все они стали служить и платить дань. После этих событий воцарился из сыновей его сыновей царь по имени Обадья. Он поправил царство и утвердил веру надлежащим образом и по правилу. Он выстроил дома собрания и дома учения и собрал мудрецов израильских, дал им серебро и золото, и они объяснили (ему) 24 книги (Священного Писания), Мишну, Талмуд и сборники праздничных молитв, (принятых у хазаров). Он был человек, боящийся Бога и любящий закон, раб из рабов Господа. Да даст ему дух Господен покой! После него воцарился – сын его Езекия и сын его, Манасия ; после него воцарился Ханукка, брат Обадьи, и сын того, Исаак, (затем) его сын Завулон, его сын Моисей, его сын Нисси. Его сын Аарон, его сын Менахем, его сын Вениамин, Аарон и я , Иосиф, сын царя Аарона, царь сын царя, (царский) сын из царских сыновей. Чужой не может сидеть на престоле моих предков, но (только) сын садится на престол своего отца. Таков наш обычай и обычай наших предков с того самого дня, как они находятся на (этой) земле, в отношении которой да благоволит воцаряющий всех царей навсегда сохранить мой царский престол до конца всех поколений.

Ты еще настойчиво спрашивал меня касательно моей страны и каково протяжение моего владения. Я тебе сообщкю, что живу у реки по имени Итиль. Начало (этой) реки обращено к востоку на протяжении 4 месяцев пути. У (этой) реки расположены многочисленные народы в селах и городах, некоторые в открытых местностях, а другие в укрепленных (стенами) городах. Вот их имена Бур-т-с (буртасы), Бул-г-р (булгары), С-вар (сувары), Арису , Ц-р-мис (черемисы), В-н-н-тит (вятичи?) , С-в р (северяне?), С-л-виюн (славяне?) . Каждый народ не поддается (точному) расследованию и им нет числа. Все они мне служат и платят дань. Оттуда граница поварачивает к Хуварезму (Хорезму) , доходя до Г-р-гана (Гурган). Все живущие по берегу (этого моря) на протяжении одного месяца пути, все платят мне дань. И еще на южной стороне – С-м-н-д-р (Семендер) в конце (страны) Т-д-лу (?) к “Воротам”, (т. е.)Баб-ал-абвабу (Дербенту), а он расположен на берегу моря. Оттуда граница поворачивает к горам. Азур, в конце (страны) Б-г-да, С-риди (Серир), Киту и Ар-ку, Шаула, С-г-с-р-т, Ал-бус-р , Ухус-р , Киарус-р, Циг-л-г, Зуних , расположенные на очень высоких горах, все аланы до границв Аф-кана (Абхаза), все живущие в стране Каса (касоги) и все (племена) Киял, Т-к-т, Г-бул, до границы моря Кустантиды (Константинополя, т. е. Черного моря), на протяжении двух месяцев пути, все платят мне дань. С западной стороны – Ш-р-кил (Саркел – Белая Вежа), См-к-р-ц, К-р-ц ерчькг-рай (Сугдея-Судак),

Алус (Алушта) Л-м-б-т, Б-р-т-нит (Партенит), Алуьиха (Алупка), Кут. Манк-т (Мангул), Бур-к, Ал-ма, Г-рузин (Херсон).

Эти (местности) расположены на берегу моря Кустантиды (Черного моря), к западной (его) стороне. Оттуда граница поворачивает по направлению к северной стороне, (к стране) по имени Б-ц-ра (Баджна – печенеги). Они расположены у реки по имени Ва-г-з. Они живут в открытых местностях, которые не имеют стен. Они кочуют и располагаются в степи, пока не доходят до границы (области) Х-г-риим (венгров). Они многочисленны, как песок, который на берегу моря во множестве. Все они служат (мне) и платят мне дань. Место расположения их и место жительства их простирается на протяжени 4 месяцев пути. Знай и уразумей, что я живу у устья реки, с помощью всемогущего. Я охраняю устье реки и не пускаю русов, приходящих на кораблях, приходить морем, чтобы идти на исмаильтян, и (точно также) всех врагов (их) на суше приходить к “Воротам”. Я веду с ними войну. Если бы я их оставил (в покое) на один час, они уничтожили бы всю страну исмаильтян до Багдада и до страны. . . Досюда (доходят) мои пределы и власть моего государства.

Ты еще спрашивал меня о моем местожительстве. Знай, что я живу у этой реки, с помощью всемогущего, и на ней находятся три города. В одном (из них) живет царица; это город, в котором я родился. Он велик , имеет 5 на

5 фарсахов в длину (и ширину) описывает окружность, расположен в форме круга. Во втором городе живут иудеи, христиане и исмаильтяне и , помимо этих (людей) рабы из всяких народов. Он средней величины, имеет в длину и ширину 8 на 8 фарсахов. В третьем городе живу я (сам), мои князья, рабы и служители и приближенные ко мне виночерпии. Он расположен в форме круга, имеет в длину и ширину 3 на 3 фарсаха. Между этими стенами тянется река. Это мое местопребывание во дни зимы. С месяца Нисана мы выходим из города и идем каждый к своему винограднику и своему полю и своей (полевой) работе. Каждый из (наших) родов имеет еще (наследственное) владение (полученное от) своих предков, место, где они располагаются, они отправляются (туда) и располагаются в его пределах. А я , мои князья и рабы идем и передвигаемся на протяжение 20 фарсахов пути, пока не доходим до большой реки, называемой В-д-шан, и оттуда идем вокруг (нашей страны), пока не придем к концу (нашего) города без боязни и страха; в конце месяца Кислева, во дни (праздника) Ханукки, мы приходим в (наш) город. Таковы размеры нашей области и место наших стоянок. Страна наша не получает много дождей. (но) изобилует реками и источниками, и из ее рек (ловится) очень много рыбы.

Страна (наша) тучна, в ней очень много полей, лугов и . . . , которым нет числа ; все они орошаются из (нашей) реки и от (нашей) реки получают растительность. Я еще сообщаю тебе размеры пределов моей страны, (страны), в которой я живу. В стотору востока она простирается на 20 фарсахов пути до моря Г-р-ганского ; в южную сторону на 30 фарсахов до реки по имени "Бузан", вытекающей из (реки) "Уг-ру"; в северную сторону на 20 фарсахоф пути до (реки) "Бузана" и склона (нашей) реки к морю Г-р-ганскому. Я живу внутри островка; мои поля и виниградники и все нужное мне находится на островке. С помощью Бога всемогущего, я живу спокойно.

Ты еще спросил меня отнтсительно "конца чудес ". Наши глаза устремлены к Господу, нашему Богу, и к мудрецам израильским, к академии, которая находится в Иерусалиме, и к академии, которая в Вавилонии. Мы Далеки от Сиона, но до нас дошел слух, что по множеству наших грехов спутались подсчеты, так что мы ничего не знаем. Но да будет угодно Богу сделать (это) ради своего великолепного имени: да небудет ничтожно в его глазах разрушение его храма, упразднение служения ему (в нем) и все беды, которые нас постигли, и да осуществит

Он в отношении нас слова (Писания) : и вдруг войдет в храм свой. У нас же в руках только пророчество Даниила. Да ускорит Бог, Бог Израиля, спасение и да соберет наших изгнанников и наших рассеянных (единоплеменников) при жизни нашей и твоей и всего дома Израилева, любящих его имя!

Ты упомянул (также) в своем письме, что желаешь видеть меня. И я очень стремлюсь и хочу видеть твое приятное (для меня) лицо, твою (всеми) почитаемую мудрость и твое величие. О, если б случилось (так), как ты говоришь, и я удостоился бы иметь общение с тобой и видеть твое почтенное и вожделенное лицо. Ты был бы для меня отцом, а я был бы тебе сыном, твоим устам повиновался бы весь мой народ и согласно твоему слову и правильному решению я бы (сам) выходил и входил (т. е. действовать, распоряжаться). И да будет тебе много счастья!"

Письмо Иосифа, в какой то степени, повторяет рассказанное о быте, государственном устройстве и историии хазарского каганата . В хронологическом порядке мы оставили Хазарию в 740 году после сокрушительного поражения от арабов.

Походы арабов имели цель-разгромив хазар, лишить Византию её союзника.

Мерван успешно справился с задачей и на некоторое время обезопасил северный фронт. Однако, достаточно было арабской армии уйти из Хазарии, чтобы хазары почуствовали себя совершено независимыми. Через короткое время они вполне оправились и стали вновь опасными для арабов. Более того, внутреняя между усобица и раздоры настолько ослабили арабский халифат, что они сами стали искать опору у хазар. Основатель могущественного Аббасидского халифата ал-Мансур (754-775) искал новые средства, чтобы удержать хазар от враждебных выступлений. Назначенный правителем Армении в 752-753 годах Язид для предотвращения набегов хазар ,занял арабским гарнизоном Дарьяльский проход. В это же время он получил от халифа указание жениться на хазарской принцесе и , таким путем вступить в союз с каганом. В письме халифа , необходимость союза с хазарами мотивируется тем, что Армения и другие Закавказские владения не могут развиваться, ввиду постоянной опастности появления хазар. Единственным способом обезопасить регион халиф считает заключить прочный союз с ними, закрепленный браком правителя Армении на хазарской принцесе. Сохранились обширные сведения об этом браке с рядом интересных бытовых подробностей. Получив письмо, Язид направил послов к кагану просить руку его дочери - Хатум. Каган ответил соглсасием и назначил приданное невесте в 100 тысяч дирсхамов. Вскоре прибыла сама принцеса в сопровождении 10 тысяч хазар. Они взяли с собой 4 тысячи кобылиц с жеребятами, тысячу мул, 10 тысяч хазарских верблюдов мелкой породы, и тысячу двухгорбых, 10 тысяч овец и тысячу слуг. В поезде невесты было 10 крытых повозок, обитых внутри парчей, серебром и золотом. 20 других повозок были нагружены различной утварью , в том числе золотой и серебряной посудой. Когда дочь хазарского кагана со всем этим добром прибыла в Берда, она поселилась у ворот города в лагере из шатров и обратилась к Язиду с просьбой прислать ей магометанок, чтобы они научили её исламу и Корану. Язид направил ей несколько женщин из Берда. После ознакомлении Хатум с масульманской религией , она “ отбросила от себя меч и кинжал “и позволила Язиду войти к ней. Хатум прожила с Язидом 2 года и 4 месяца, родив от него двух детей. Но затем она и оба её ребенка умерли в Берда. Хазары приписали смерть Хатум коварству арабов, и этим объяснили последующее нашествие на Закавказье.

Хазары в 762 году вторглись в Армению и избили много мусульман. Через два года в 764 году нашествие повторилось, хазары опять появились в Закавказье. Они напали на мусульман в Армении и разграбили Тбилиси. Халиф Мансур направил против них арабские войска- одно из них бежало, а другое было разбито и потеряло своего предводителя.

Династия Аббасидов не принесла облегчения порабощенным народам Закавказья. Фискальная политика арабов довела народы до нищеты и отчаяния. Поднимается широкая волна народных движений против арабов, превосходящая все предыдущие выступления. В Армении восстание следует за восстанием. Волнения охватывают Албанию и Картли. Карательные экспедиции, исстребляя население, опустошают страны. Не только жители вассальных регионов, но и арабские феодалы стремятся отложиться от халифата и стать самостоятельными. Некоторые из них с надеждой смотрели на хазар и искали у них поддержки в борьбе с халифатом.

Свидетельсвом такого рода ожиданий содержится в одном из замечательных памятников грузинской литературы восьмого века "Мученичество Або Тбилиского ". В нем рссказывается, что князь Картли Нерсе вызвал подозрение у арабов и был в 772-773 годах заточен в Багдадскую тюрьму. Халиф Махди освободил его после трех лет заключения. Нерсе, видимо, не прекратил своей деятельности против арабов и , опасаясь новых репрессий , вынужден был бежать, заблаговременно укрыв свою семью в Абхазии. Сам Нерсе в сопровождении 300 всадников бежал к хазарскому кагану. Правителем Абхазии в то время был Лев II - сын дочери хазарского кагана и племяника византийского императора Льва Хазара - сына хазарской царевны. Таким образом, правитель Абхазии был связан родственными отношениями и с Византией и с Хазарией. Номинально Абхазия находилась в зависимости от Византии, но, опираясь на хазар , вела самостоятельную политику и вскоре объявила себя независимой.

Нахождение семьи Нерсе в Абхазии и предоставленная ему возможность соединиться с ней свидетельствует о том, что пребывание Нерсе в Хазарии было вызвано не поисками безопасного убежища, а имело некую политическую цель. Можно полагать, что в Хазарию его вела надежда получить поддержку в борьбе с арабами. Однако, надежды Нерсе не оправдались и он решил вернуться на родину. Покинув Хазарию, он еще несколько месяцев провел в Абхазии, ожидая хлопот своего племяника князя Картли Степаноса, который добился помилования Нерсе.

Тот факт, что Нерсе не подвергся репрессиям, и более того, его слуга Або(Хабиб), который во время пребывания в Хазарии принял христианство, был оставлен арабами в покое, несмотря на нетерпимое отношение масульман к религиозным ренегатам , свидетельствует, что у арабов были серьезные политические основания для такой терпимости. Однако, дело Нерсе показало тщетность надежд на вмешательство хазар в дела Закавказья. После смерти Махди (785) Закавказье опять было охвачено мятежами, а хазары снова стали угрожать арабам. Арабы перестали церемониться и казнили ренегата Або. Судьба его покровителя Нерсе остается неизвестной.

История Нерсе свидетельствует о большом политическом авторитете хазар во второй половине восьмого века, не только у представителей закавказких народов, но и у арабов, заинтересованных в сохранении добрых отношений со своим могущественным соседом.

В годы, на которые падает казнь Або, отношения арабов с хазарами сделались очень напряженными. Крупные столкновения хазар с арабами произошли в самом конце восьмого века. Причиной его стало событие, подобное которому уже имело место во взаимоотношениях хазар с арабами, а именно, смерть хазарской принцесы, отданной замуж за арабского вельможу.

Назначеный в 791 году наместником Закавказья и Каспийских провинций, ал -Бирмаки-сын всемогущественного везиря и молочный брат халифа Харун ал-Рашида, по своему прибытию в Закавказье, направился в Дербент и напал на первую за ним хазарскую крепость Хамзин, но был обращен в бегство защитниками крепости. Потерпев неудачу на войне, арабский вельможа решил поправить дело и устранить угрозу со стороны могущественного соседа женитьбой на дочери кагана. В 798- 799 годах хазарский каган отправил свою дочь в Закавказье. Однако, по дороге в Берда принцеса умерла. Сопровожавшие её тарханы донесли кагану , что она была изменчески убита. Разгневанный каган с большим войском вторгся в Заквказье и произвел сильный переполох, убивая всех попадавшихся ему арабов.

К этому времени относится романтическая история, записанная в грузинскойлетописи. Внейрассказывается, о том что хазарский каган влюбился в прекрасную Шушану, младшую сестру князя Картли –Иоане. Хазарский каган обратился к нему с предложением выдать сестру замуж за него, обещая взамен содействие в борьбе за независимость Картли от арабов. Получив отказ, каган направил войско против Картли под комадованием Блучана. Блучан вторгся в Закавказье, взял резиденцию князя, и захватил не только Шушану, но и её младшего брата Джуаншера. Затем разрушил Тбилиси, в котором находился арабскй гарнизон во главе с эмиром, и опустошил Картли. На обратном пути плененной принцесе удалось покончить с собой, приняв яд, который она хранила под камнем перстня . Разгневанный каган велел казнить Блучана. Джуашера оставил в плену на семь лет, после чего с великими почестями отправил на родину. Иоане и Джуашера реальные истрические личности.

Византия дорожила соим союзником, который отвлекал внимание и силы её врагов-арабов, и не рисковала выступать против хазар даже когда представлялся удобный случай. Об этом можно судить по поведению Византии во время восстания против хазар в Крымской Готии, примерно в 780 году.

Княжество Дори, так называлась Крымская Готия, занимала горную область полуострова, где удержались потомки готов вытесненные гуннами из Причерноморья. В начале шестого века они смешались с местным населением , подчинились Византии и построили ряд оборонных укреплений. В середине седьмого века это княжество подчинили себе хазары. Как и в других владениях, княжество сохранило внутреннюю автономию. В Дори нашел убежище бежавший из Херсона экс-император Юстиниан и отсюда попросил покровительство хазарского кагана. Проводившаяся первыми императорами из дома Исавров иконоборческая политика, связанная с секуляризацией церковного имущества и борьбой с монашеством, оттолкнула от Византии ряд христианских областей, где влияние церкви и монашества были особенно велики. Крымская Готия первоначально так же выступала против иконопочитания. Однако, после массовой иммиграции монашества из Византии и развития ими монастырского земледелия, в Крыму возникли многочисленные монастыри. В сознании населения Готии произошел резкий перелом и епископ иконоборец был смещен и заменен сторонниками иконопочитания.

После смерти Льва Хазара (780) и торжества иконопочитателей, епископ Готии затеял заговор против хазар. Узнав о волнениях, каган послал войска, которые заняли Дори и подавили затеянную авантюру. Дорожа союзом с Хазарией, Византия не поддержала восстание. Однако , Византии удалось добиться смягчения участи епископа и других восставших. Кроме того, хазары сделали весьма существенные уступки в пользу крымских крестьян.

В первой трети девятого столетия в Хазарии разразилась гражданская война. Скудные отрывочные сведения дают очень мало информации для раскрытия тех событий, которые были в это время в хазарском государстве. Видимо кофликт возник из -за власти или из-за денег, но учитывая толерантность хазарской державы, война безусловно не была связана с религией.

Хазарское правительство, не располагающее достаточно надежными силами внутри страны и не могущее расчитывать на поддержку со стороны иноплеменных вассалов, вызвало к себе на помощь гузкие и печенегские племена, которые помогли жестоко расправиться с восставшими. Уцелевшая часть побежденных хазар бежала к мадьярам , где составила особую группу из трех племен со своим вождем. Примкнувших к мадьярам хазар стали называть “кабарами “. Отныне гузы и печенеги становятся главной силой и опорой империи. Охрана важнейшей хазарской крепости Саркел поручается печенегам, которые заняли её цитадель, а своими кочевьями заполнили Приазовские степи.

Воспользовавшись внутренними междоусобицами в Хазарии, мадьярам из Заволжья удалось прорваться на запад к Дону. Мадьяры были союзниками хазар и союзниками добровольными, с самого зарождения Хазарской империи. Их происхождение и места ранних кочевий неизвестны. Все, что известно об их происхождении- это то, что они состоят в родстве с финнами и что их язык пренадлежит к финно- угорской группе, вместе с языками вогулов и остяков населявших леса Северного Урала. Современная Венгрия, в отличии от других малых стран, не имет языковых связей с соседями. Венгры остались языковым анклавом посреди Европы.

Примерно, с середины седьмого до конца девятого веков мадьяры оставались подданными Хазарской Империи. За все время, пока другие племена увлеченно воевали друг с другом, не было зафиксировано ни одного вооруженного конфликта между хазарамии и мадьярами. В то время, как по отдельности они воевали с близкими и дальними соседями.

Все это время мадьяры собирали дань для хазар со славянских и угро-финнских народов в черноземной зоне и к северу от собственной степной территории. Появление русов полностью взорвало эту прибыльную ситуацию. А затем, под давлением печенегов, мадьяры совершили переход на западный берег Дона. Начиная с 830 года почти все мадьяры и кабарими переселились в район между Доном и Днепром, названный позже Леведией . Эту территорию мадьяры заняли с разрешения их хазарских сюзеренов. Поскольку, этот степной регион принадлежал раньше хазарам, мадьяры стали их подданными и союзниками одновременно. Переселение мадьяр на правобережный берег Дона происходило одновременно со строительством крепости Серкел на восточном берегу реки. Почти полвека ситуация оставалась стабильной. Кульминационным событием в истории мадьяр стало одарение их царем. В то время мадьяры объединяли семь племен. Во главе каждого племени стоял свой вождь. Главного из них звали Леведий. Его именем была названа часть территории между Доном и Днепром-Леведией. Хазарский каган женил его на хазарке знатного происхождения, после чего мадьяры стали союзниками хазар и участвовали во всех их войнах.

В конце девятого столетия хазарский каган вызвал Леведия к себе. В связи с тем, что в то время путешествие по Причерноморским степям стало опасным, возможно из-за прорвавшихся сюда печенегов, каган послал за ним суда для проезда по Черному морю. Отсюда следует, что визит Леведия в Хазарию состоялся не раннее 890 года, так как только в 889 году печенеги прорвались сюда из-за Волги. Поэтому надо полагать, что главной темой переговоров было обсуждение совместной борьбы с этим вклинившимся между ними опасным врагом.

По прибытии Леведия в Хазарию, каган предложил провозгласить его царем мадьяр, при этом он оставался в вассальной зависимости от каганата. По- видимому, главной целью, которую преследовали хазары, было сплочение мадьяр под властью одного наследственного вождя, в интересах борьбы с печенегами. Именно для этого хазары решили присвоить ему высокий сан и облечь полномочиями от лица хазарского каганата. Не имевший детей старый Леведий отказался от предложенной ему чести и вместо себя предложил, в качестве возможного кандидата, воеводу Алмуция или его сына Арпада. В присуствии хазарского посольства мадьяры выбрали царем Арпада. Однако, новый порядок не принес желаемых результатов. Через пять лет мадьяры были разгромлены болгарами и печенегами и Арпад повел их на завоевание Венгрии.

Конец восьмого и начало девятого веков- это время становления российской государственности и объединения славянских племен под рукой Киевского княжества, которое немедлено заявило о себе опустошительными набегами на Крым и южное побережье Черного моря. Русскому гоударству стали не страшны хазары. Теперь уже хазарам приходилось опасаться Руси. Ничего не известно о сопротивлении хазар Олегу при освобождении им северян и радимичей. Едва ли оно было значительным. Однако, вятичи и после этого остались под властью хазар, что свидетельствует о серьезных препятствиях, которые стояли перед Олегом при обединении в Русское государство подвластных хазарам славян.

Несомнено лишь одно, что после победоносного похода Олега на Костантинополь, хазары настолько боялись Руси, что готовы были удовлетворить любые её требования. В условиях развивающейся напряженности с Византией, хазары были заинтересованы в том, чтобы, по крайней мере, нейтрализовать Русь. Этим обстоятельством оъясняется согласие пропустить значительное русское войско в Каспийское море в хорошо известные русским купцам прибрежные области для грабительских набегов.

Это не было нападением небольших полукупеческих, полуразбойничьих шаек , этот поход русских в Каспийское море имел совершенно другой характер. Он с самого начала был откровенно разбойничьим предприятием, проведенный крупными хорошо вооруженными и высокоорганизованными силами. Русское войско, состоящее из 500 кораблей, со 100 воинами на каждом, вошло в Керченский пролив. У хазар в Керчи находилось сильное укрепление, охранявшее как путь по воде так и переправу через залив по льду. Когда русские прыбыли к крепости, они отправили отсюда письмо к хазарскому кагану с просьбой о разрешении пройти через его страну в Каспийское море. За разрешение на проход они обещали половину добычи. По всей вероятности, именно в это время хазары отбивались от наседашей на них каолиции, состоящей из гузов , печенегов и асиев, организованной Византией. Только с помощью алан хазарам удалось победить врагов, причем особенно тяжело пострадали подвласные хазарам асии. В условиях трудной борьбы, хазары не могли противиться домоганиям русских, и чтобы не приобрести нового врага , вынуждены были согласиться с их требованием. Когда разрешение было получено, русы по Дону поднялись до переволоки , перетащили свои суда на Волгу и спустились в Каспийское море. Затем они разделились на отряды и стали опустошать прибрежные области Гиляна, Табаристана, Азербайджана и Ширвана. Базой для себя они выбрали острова вблизи Баку. Местное население, привыкшее встречать с моря только купеческие и рыбачьи суда, оказалось совершенно беспомощным перед нашествием разбойничьих ватаг. Русы безнаказано убивали, забирали добычу и жгли дома. Наконец правитель Ширвана собрал людей и, погрузившись на лодки и купеческие суда, двинулись против грабителей на острова. Русы без труда разбили наспех собранное ополчение , и в течение еще многих месяцев разбойничали на побережье, затем набрав большую добычу, они отправились в обратный путь.

Прибыв в устье Волги, русы отправили хазарам условленную долю добычи. Узнав о прибытии русов, мусульманская гвардия каганата потребовала преградить им путь и отомстить за все зло, приченненное их единоверцам "Разреши нам -сказали они кагану, расправиться с этими людьми. Они разбойничали в странах наших братьев мусульман, проливали кровь и порабощали женщин и детей". Каган не мог противиться этим требованиям, а может быть и не хотел, политические условия, заставившее его быть уступчивым к требованиям русов, могли к этому времени измениться. Гвардия находилась в Итиле, значит войны в это время не было. Однако, на случай возможного поражения мусульман, каган позаботился оставить себе лазейку и предупредил русов о грозящей опасности. Предосторожность оказалась излишней. Русы, нарушившие кодекс торговли на Каспийском море, вызвали такое озлобление у жителей Итиля, что к мусульманам присоединились многие из живших в городе христиан. Собралось около 15 тысяч всадников. Высадившиеся из кораблей руссы, первыми бросились на противника. Битва продолжалась три дня. Русы были разбиты. Уцелевших от меча утопили в реке. С обоих сторон погибло 30 тысяч человек. Только 5 тысячам русов удалось добраться до судов и уйти вверх по Волге. Они уходили своей прежней дорогой, однако, на переволоке из Волги в Дон на них напали буртасы. Русы вынуждены были продолжать свой путь по Волге через булгар, которые их истребили окончательно.

По-видимому, этот поход в Каспийское море был не официальным предприятием Русского государства, а организован на свой риск варяжско- русской дружиной, нанятой для войны с Византией и отпущенной Киевским князем после того, как надобность в ней миновала. Тем не мение, трагический конец похода, вызвал ухудшение в отношениях между Русью и Хазарией, хотя до войны дело не дошло.

К середине десятого века Хазария была все еще процветающим государством. Хотя эрия вассальных территорий заметно уменьшилась. Славянские земли отошли к Киевской Русси, печенеги захватили Прикаспийские степные зоны. Ощутимый урон военной мощи каганата нанесла гражданская война. Уход трех хазарских племен с мадьярами изменил к худшему этническое соотношение собственно хазар к остальным народам в империи. Обескровленная Хазария была вынуждена прибегнуть к набору наемной армии. По разным источникам в хазарской гвардии служило, в разное время, от 7000 до 17000 мусульман, в основном из Хорезма. Будучи морской державой, хазары не имели своего военного флота.

Процветание Хазарии, очевидно, в большей степени зависело от благоприятного положения на пересечении торговых путей, чем от ресурсов страны. В принципе , богатство страны складывалось от успешной коммерческой деятельности. В хазарской империи были представлены различные национальности и этнические группы : тюрки, евреи, арабы, народы славянских и финнских групп и их ответвления. Всем этим конгломератом народов и вероучений должна была управлять привеллигированая верхушка , состоящая из относительно малого числа иудейских тюрков.

Хазария в течении наивысшей стадии своего развития может справедливо называться еврейским государством. Другие религии так же активно практиковались, особенно мусульманская, как формирующая большую часть хазарского войска и владевшая значительным политическим влиянием. Смешанный характер религий в стране с уважением был описан современниками. Однако, не может быть сомнений, что космополитический характер страны, связанный с еврейским руководством, в конце концов привел страну к распаду.

В первой половине десятого века ничто не предвещало крушение страны. В этот же период у хазар были известные военные успехи, особенно, против Византии. Но, очевидно, что серьезную угрозу представляла консолидация Русского государства под главенством Киева. В ранний период Россия была под влиянием хазар, по крайней мере в культурной части.

Среди русских была распространена система, когда русский князь был подобен кагану, а армию возглавлял воевода.

Хазары, возможно примирились бы с потерей ведущей роли на западе, если бы не усилившееся проникновение русских на восток, в низовье Волги и на берега Каспийского моря. Земли мусульман, прилегающие с юга к Каспийскому морю : Азербайджан, Ширван, Табаристан и другие страны были приманкой для флотилий викингов, которые непрочь были пограбить их и устроить там фактории для торговли с исламским халифатом. Однако , подступы к Каспию контролировались хазарами, как в прошлом контролировались ими подступы к Черному морю, пока они удерживали Киев. Контроль выражался в том, что желающим проследовать, приходилось испрашивать разрешения на проход флотилии и платить десятипроцентный таможеный сбор. Какое-то время сохранялось хрупкое равновесие -караваны платили дань , выходили в Хазарское (Каспийское) море и вели торговлю с прибрежным населением. Но торговля часто совмещалась с грабежом, что создавало большую проблему из- за дружественных отношений с халифатом и наличия в хазарской армии дружины из наемников -мусульман.

После катастрофы 913 года русские не наведывались в эти края в течении 30 лет, но в 943 году, повидимому, почуствовав силу решили опять попробовать проникнуть в Каспий. Эта попытка совпала по времени с безрасудным походом Игоря на Византию, чье войско и флот сильно пострадали от греческого огня. Начало вторжения оказалась успешным, русы захватили плацдарм на Каспии, заняли город Берда на реке Кура и продержались там целый год. Но потом среди них стала свирепствовать эпидемия, оставшихся в живых арабы обратили в бегство.

Через несколько лет хазары решили закрыть русским проход в Хазарское море. Это было очень трудным и важным решением, принятое под влиянием мусульманского населения Хазарии. Это решение вовлекло Хазарию в конфронтацию с русским государством. В то время , как росли силы русского государства, хазарам неоткуда было получить помощь против своих соседей и часы Хазарии были сочтены.

Смертельный удар хазарскому каганату был нанесен в 965 году Киевским князем Святославом -сыном Игоря и Ольги. В русской летописи имеется рассказ о его другом походе, годом раннее перед походом на хазар. Святослав совершил поход на

Оку к вятичам, еще платившим дань хазарам. Этот поход был началом войны Святослава с хазарами. На следующий год Святослав , пройдя по Оке в Волгу, разгромив по пути булгар и буртасов, спустился вниз по реке до Итиля, где произошло основное сражение русских с хазарами. Русские разгромили хазарское войско и опустошили Итиль. По пути к Азовскому морю Святослав расправился с ясами и касогами. На обратном пути, вверх по Дону, он взял Серкел (Белая Вежа) и вернулся в Киев. В русских хрониках нет описаний маршрута Святослава, как нет указаний о местах сражений с хазарами, кроме упоминания, что он взял Серкел. Поэтому описанный выше путь восточного похода Святослава гипотетичен, но весьма вероятен.

Успешно завершив свой военный план , Святослав, однако , не смог присоединить к Руси свои завоевания. Втянувшись в трудную борьбу на Дунае, он ослабил свое внимание востоку и не успел закрепить власть Руси на Поволжье. Русским досталось низовье Дона до берегов Керченского пролива. Волжская Болгария и Хазария, очевидно, недолго находились в зависимости от Руси и вскоре восстановили свою самостоятельность.

Разрушение Саркела в 965 году стало символом конца Хазарской империи, но не Хазарского государства -точно так же, как конец Австро-Венгерской империи в 1918году не стал концом Австрии как национального государства. Однако, воспользовавшись ослаблением хазарского государства, в этом же году на них напали гузы. Не исключено, что гузы могли участвовать в одном походе со Святославом. Гузы являлись представителями Тюркских народов, родственных печенегам. Местом дислокации гузких племен была область расположенная между Аральским и Каспийскими морями. Периодически вместе с Печенегами и самостоятельно они вторгались в Восточно- Европейские регионы. Для отражения гузов хазары обратились за помощью к Хорезму. Первоначально им отказали, но затем обещали помощь при условии принятия ими мусульманства. Хазары согласились и символически приняли ислам, за исключением кагана. После того как, хорезмские войска выгнали гузов, каган принял ислам. Таким образом, руководство страны ценой отказа от политической независимости и от иудейской религии добилось помощи от Хорезма. Хорезм всегда был тесно связан с Поволжьем торговыми отношениями и Хазария представляла для него очень большое значение в качестве рынка и перекрестка торговых путей, которыми пользовались хорезмские купцы.

По всей вериятности, с уходом Святослава, имено языческие гузы хозяйничали в завоеванных и разоренных хазарских владениях. Поэтому виновниками разгрома хазарского государства арабские историки считают только гузов и не упоминают роль России. По условиям оказания военной помощи, хазары оказались вассалами Хорезма и вынуждены были принять ислам. Однако власть Хорезма над хазарами была непрочной. Хазары стремились к восстановлению независимости, и Хорезму приходилось не раз оккупировать хазарские города.

После смерти Святослава разразилась междуусобица между его сыновями, в которой победил младший -Владимир. Он начал жизнь язычником, но под влиянием своей бабки-Ольги крестился и закочил жизнь -кающимся грешником и был впоследствии канонизирован . После крещения он женился на византийской принцессе Анне. Еще через несколько дней православие стало официальной религией не только правителей но и народов России. Крещение Руси стало колоссальным событием, оказавшее огромное влияние на историю мира. Это был триумф византийской дипломатии.

После 965 года мы не можем больше говорить о независимом еврейском государстве. Рассматривая то, что осталось после русского вторжения и опеки Хорезмского эмирата над хазарами , нас меньше всего интересует сохранения струткуры институтов власти в каганате, больше -насколько широко осталась иудейская вера у хазарского населения. Согласие хазарского государства на принятие ислама означало, что все хазары должны были принять мусульманство. Отказ от ислама обычно наказывался смертной казнью. Это так же относилось к хазарам -иудеям. Однако, чтобы избежать наказание , нежелающим принять ислам, достаточно было выдать себя за этнического еврея , к которым в мусульманских странах относились толерантно.

Видно попытка восстановить Итиль не увенчалась успехом, известно, что в 1048 году он находился в руинах. Возможно, его место занял город Саксин на правом берегу Волги. Это был большой город, который процветал до монгольского завоевания. Предположительно, что внук Чингиз Хана -Батый построил на этом месте свою столицу Сарай.

Большинство спасшихся хазар возратились в свою страну и Хазария не прекратила своего существования в десятом веке. Некоторые историки придерживаются мнения, что в какой- то степени находясь в зависимости от Хорезма, Хазария продолжала существовать до тринадцатого века и окончательно исчезла в результате нашествия монголов.

В русских исторических документах хазары, как народ или государственное образование, упоминаются еще около 100 лет. Русская хроника рассказывает, что в 986 году хазарский еврей участвовал в диспуте по выбору веры для Киевской Русси князем Владимиром. Совместная компания России и Византии в 1016 году поставила последнюю точку в окончательном разгроме остатков Хазар в Крыму. Хазары под предводительством Георгия Цулона, оказали упорное сопротивление, и видно, не были пассивными жертвами. Византийский историк Кендрен писал, что для победы над хазарами потребовалось участие· византийского флота и большой русской армии.

Следующее упоминание о хазарах- лаконичная запись в русской " Повести " за 1023 год. Согласно , которой " пошел Метислав на Ярослава с хазарами и касогами (адыгейцы) ". Метислав был князем недолговечного Тмутараканского княжества с центром в хазарском городе Таматарха (ныне Тамань) на восточном берегу Керченского пролива. Хазары в войске Метеслава, видимо, были местные жители, поставленные русским князем под свои знамена.

В последний раз хазары упоминаются в тринадцатом веке среди народов, покорившихся хану Батыю.

Диаспора

Исторической загадкой остается сам факт исчезновения хазар как народа, в то время как жившие с ними другие народы : грузины и армяне перенесли сотни разорительных набегов и многовековые порабощения существуют до сих пор на своей исторической эрии и в других странах. Выжили и перенесли монгольское нашествие бывшие вассалы хазар :волжские булгары, ныне татары, сувары- чуваши , аланы- осетины, касоги -адыгейцы. Только хазары исчезли с карты народов мира. Многие историки, в том числе А. Кестлер и А. Поляк, считают, что, приняв иудаизм, хазары стали для других народов евреями и в этом образе дожили до наших дней. Однако, чтобы принять эту гипотезу, нам желательно знать: во-первых, как глубоко и широко был распрстранен иудаизм среди хазар; во-вторых, как проходила ассимиляция хазар с этническими евреями; в-третих, насколько изменился иудейский фон в хазарском обществе после принятия каганом мусульманства. По всем трем пунктам достоверенные источники отсуствуют. В этой главе мы рассмотрим хазарскую диаспору в странах Восточной Европы, собирая по крупицам документальный материал и изучая косвенные свидетельства присутствия хазар в этих странах.

ВЕНГРИЯ

Самая ранняя хазарская диаспора, это исход трех хазарских племен -“кабарами “, примкнувших к мадьярам и откочевавших вместе с ними на территорию современной Венгрии. Утверждение А. Кестлера, что большая доля современного еврейства Венгрии вынырнула из миграционных волн хазар - кабарами не имеет достоверных доказательств, как и реальных опровержений.

Еще в Римские времена, когда территория Венгрии была известна как Паннония, в ней жили евреи, писавшие и говорившие на греческом и латынском языках. Можно предположить, что евреи Паннонии смешались с хазарскими евреями , образовав средневековое еврейское население Венгрии.

В течении всей миграции на запад мадьяры вошли в тесный контакт с кабарами и совместно участвовали во всех войнах. Кабарами были храбрыми воинами и располагались в передних рядах войска для принятия первого удара на себя.

В первоначальный период в Венгрии пользовались двумя языками - венгерским и хазарским - и страна имела дуалистическое управление. Король делил власть с главнокомандующим армии, который носил титул “ джила “. Эта система просуществовала до начала десятого столетия. Однако, после перехода короля Стефана в католическую веру и подавления восстания джилы, который, как это следовало ожидать , был хазаром, “державшимся своей веры и отказавшийся стать христианином “ , установилось единовластие короля.

Вероятность того, что большинство кабарами исповедовали иудаизм, не подтверждается никакими свидетельствами и относится к числу домыслов. Хотя имеются предположения, что один из кланов кабарами, поселившийся в междуречьи Тиссы(Tisza) и Дануб(Danube), исповедовали иудаизм. Этот район входил в регион , которым завладел лидер кабарами Марот. Под управлением его наследника - Менмарота кабарами заселили земли от Трансваальских Альп до района Месеш(Meszes) вдоль реки Самош(Szamos). Король венгров Арпад потребовал от Менмарота отдать эту область под его управление. После некоторого периода сопротивления, Менмарот подчинился и для скрепления союза отдал свою дочь замуж за мадьярского принца Золтана.

В 1972 году археолагами было открыто большое число нетипичных захоронений недалеко от города Нови Сад в области, пренадлежащей в наши дни Северной Сербии, которая в прошлом была частью Венгрии. Ведется серьезная полемика-относятся ли эти захоронения к могилам хазарских иудеев. Кладбище содержит любопытную смесь шаманизма и еврейских ритуалов. Сотни могил включают вещи типичные для аварских захоронений :лошадей, збрую, оружие, украшения и желтую керамику. Авары народ азиатского происхождения пришел в Европу в шестом веке . Аварский каганат в девятом веке подчинился франкам, а сами авары смешались с местным славянским населением. Могилы содержащие аварские принадлежности имеют скелеты с монголоидными чертами. Еврейские мотивы были найдены, по крайней мере, на 70 кирпичных фрагментах различных могил. На некоторых фрагментах выгравированы маленькие шестиугольные звезды. Некоторые фрагменты содержат еврейские надписи “ Иерусалим “и “Израиль “, в то время, как все другие надписи на древнееврейском языке не расшифровываются. В соответствии с традициями, на еврейских могилах установлены каменные плиты, и в них отсуствуют другие предметы захоронения. В то время, как на некоторых территориях можно отчетливо различить площадки захоронений евреев и язычников, в других местах могилы перемешаны.

Различные предметы с избражением миноры, были найдены при раскопках в большом поселении около кладбища. Результаты археологических исследований приводят к заключению, что в этом месте жил монголоидный народ, часть которого исповедовала иудаизм. Радиоактивные исследования определили , что захоронения были произведены в 969 плюс- минус 66 лет. Эта дата противоречит предположению, что могилы принадлежат аварам. Не исключено, что могилы могли принадлежать кабарами, которые поселились в Карпатском регионе после 890 годов и часть из которых продолжали исповедовать иудаизм.

Хазары оставили многочисленные следы своего присуствия в Венгрии. Имеется много наименований различных мест в которых имеются корни " козар ", в том числе, четыре города с названием - Козар. Известны так же фамилии с корнями " козар ".

Близ селения Кискозар в одном из захоронений найдено серебряное кольцо, на котором выгравировано тринадцать древнееврейских букв. Однако, сочетание этих букв не означает реальное слово на иврите. Кольцо было изготовлено в одиннадцатом столетии и, очевидно, еврейские буквы были выполнены как орнаментное украшение.

Судьбу хазарской диаспоры в Венгрии можно определить двумя основными версиям:

1. **Кабарами как язычники, так и иудеи ассимилировалась с мадьярами и другими народами, населявшими в то время Венгрию. Освоили мадьярский язык и, приняв христианство, интегрировались в Венгерское общество.**
2. **Часть кабарами, исповедующая иудаизм , ассимилировалась с этническими евреями, жившими там до прихода мадьяр, а затем в средние века смешалась с евреями,**

прибывшими из Западной Европы, и стала частью Восточно - Европейского еврейства -ашкенази.

Ни одна из этих версий не имеет даже шатких исторических документальных доказательств.

КИЕВСКАЯ РУСЬ

Славянские народы, проживающие на территории теперешней Украины и прилегающих к ней южных областях России и Белоруссии, были вассалами Хазарии. Большинство славянских народов платили дань хазарам весь девятый век, а некоторые еще в первой половине десятого. Хазары основали Киев и управляли им до пришествия варягов.

В десятом веке в Киеве проживала большая община евреев, возможно хазарского происхождения. На связь между Киевом и Хазарией указывает так называемое “ Киевское письмо “. Суть письма заключается в том, что один еврей по имени Якоб был поручителем своего брата, который одолжил деньги для торговых операций, но был убит в пути и деньги пропали. Тогда кредиторы заключили Якоба в тюрьму, требуя от него деньги, как поручителя сделки. Якоб пробыл в тюрьме один год, пока еврейская община освободила его, уплатив за него 60 золотых монет. Цель письма собрать недостающие 40 монет- как акт благотворительности. Письмо написано на древнееврейском языке прямоугольными буквами. В левом углу страницы щеточным пером добавлено тюрское руническое шестибуквенное слово, которое в переводе с хазарского языка означает- “Я читал это“ . Знаменательны имена одинадцати евреев подписавших письмо. Большинство авторов документа имеют имена с хазарскими корнями и только две фамилии принадлежат этническим евреям : Коэн и Левит.

Евреи продолжали жить в Киеве и на Руси и после распада хазарского государства. Они занимались торговлей и ремеслом, в том числе производством ювелирных изделий, изделий из стекла , кожи, включая кожаную обувь.

Как пишет русская хроника, в диспуте о выборе веры князем Владимиром, еврейскую делегацию представлял “ жидовина- хазарин “. Это выражение ставит знак равенства между хазарами и евреями. Выражение “ жидовина-хазарин “ встречается как в официальных документах, так и в былинных сказаниях.

В 1016 году во время правления Великого Князя Святополка, хазарское войско под командованием " Иванко Захарич, Хазарин "принимало участие в походе с русскими против степных кочевников -куманов и половцев.

Историки сходятся во мнении, крымские евреи и крымские татары являются потомками хазар. Однако, евреи из Хазарии , вероятно смешались с евреями из Византии и Греции.

Киевское письмо и скупые сведения Русских Хроник документально подтверждают о связи евреев Киева с Хазарией и хазарами. К сожалению, имеется очень мало свидетельств периода средних веков для изучения истории евреев на Руси. Основная часть документов относится к Киеву, в большей части, чем к Чернигову или другим городам, расположенным на территории Украины. Можно с уверенностью утверждать, что такая большая еврейская диаспора не могла образоваться только из этнических евреев Западной Европы. Безусловно, свой количественный вклад внесли хазары- иудеи и смешанные семьи из хазар и евреев.

После распада Хазарии евреи , приспосабливаясь к новым условиям, освоили местные диалекты восточно -славянского языка, который впоследствии стал им родным при общении внутри общины. В киевских ведомостях сборщиков налога за 1480 год встречаются такие имена евреев как Рыжко, Самоделка и много подобных. Наибольшее изобилие документальных свидетельств о евреях, имеющих имена со славянскими корнями, находим в ведомостях Бреста и Гродно от пятнадцатого - шестнадцатого веков. Еврейские мужчины носили имена : Богдан, Голаша, Овош, Иляш, Левон, Шахно, Яцко и Каспар. Равин Мейр Кац, который служил в Могилеве в начале семнадцатого века, высказал свою озабоченность тем, что большинство евреев города говорят по русски, и выразил надежду, что со временем они освоят идиш. Его заботы были вознаграждены, и через столетие, в семнадцатом веке, евреи стали пользоваться идиш.

Из собранных исторических источников можно заключить, что в Киевской Руси и прилегающих к ней районах, наряду с этническими евреями проживали хазары- иудеи, которые разговаривали на местных восточно - славянских диалектах. Однако, не существуют документальных исторических свидетельств о количественном соотношении хазар -иудеев и евреев.

РУМЫНИЯ И МОЛДОВА

История хазар в Румынской Трансильвании пересекается с Венгерской историей. Расположенные в Западной Румынии, между речками Марос(Maros) иСамош(Szamos), города Козарвар и Казард, по утверждению венгерских историков, основаны хазарами. Старая румынская легенда, рассказывает, что еврейская армия из южной России захватила эти земли и расселилась в Валахии и Молдове. Евреи из трансильванского города Сфипту Георг(Sfintu Gheorghe), который был частью Венгерского Королевства, уверяли, что они потомки белых тюркских евреев, которые были завоеваны русскими. Поселившись в Трансильвании, они в соответствии с их традициями занялись ремеслом, торговлей и земледелием.

В 1360 году король Лаеш I приказал изгнать евреев из венгерской территории. Многие тюркские евреи в городах при переписи записались венграми. Часть этих евреев смешалась с венгерскими и румынскими евреями, но остались обособленной общиной. В горах Трансильвании в районе города Клю и окружающих маленьких фермерских селениях в верхнем течении речек Марос и Олт проживает этническая группа, считающая себя потомками кабарами.

Они приняли христианство и говорят на венгерском диалекте. Несколько столетий назад они писали на этом диалекте с употреблением тюркского рунического алфавита - справа- налево.

Евреи из маленького местечка Кирилович, возле Кишенева, настаивают, что их род живет в этих местах более 500 лет, и что они были еврейскими татарами. Кроме этой фольклорной легенды нет других свидетельств о пребывании хазар в Молдове и Бессарабии .

ПОЛЬША

В результате монгольского нашествия польская историческая хроника исчезла, поэтому нет никаких документальных свидетельств о присуствии хазар на польской земле. Ученые, которые полагают хазарское присуствие в Польше, не привели ни одного неоспоримого свидетельства. Учитывая важность проблемы, мы приводим высказывания авторитетных ученых, хотя они не основываются на исторических документах.

1. М. Левин и Т. Курзбанд –“Польша получила много евреев, которые искали убежища от притеснений вызванных крестовыми походами и черной

смерти, а также еврейских беженцев из Хазарии. "

1. М. Вейнберг "В Польше началась христианизация с 966 года, в то время, когда евреи уже жили там. Первые пришли из Хазарии и Киевской Руси. "

1. Следующее высказывание Натана Осубел содержит знакомые аргументы о литовских евреях в средние века, говорящих на восточно-славянском диалекте и которые смешались с евреями из Германии. Он пишет:" В то время хазарские евреи смешалиь с другими евреями и окончательно потеряли свою этническую принадлежность. "

Однако, имеются два свидетельства, которые подтверждают присутствие хазар в Восточной Европе и, в частности, в Польше.

1. Известный бельгийский средневековый ученый и путешественник Годдинг-Ганшоф (Godding-Ganshof) в своей книге записал "Выгнанная куманами из их страны часть хазаров -иудеев поселилась в Польше в двенадцатом столетии".

1. Следующий документ не имеет прямого отношения к Польше, но

подтверждает существования хазар -иудеев в прикаспийских и волжских степях. Этот документ принадлежал известному архиву Каирской синагоги, которая в дальнейшем была передана в Кембридж. Этот документ относится к мессианскому движению 1096 года и временам первых крестовых походов. В свободном переводе этот документ звучит, примерно так: “Все сообщество было возбуждено и обратилось к богу с постом и милостью, так как из региона Хазарии вышли семнадцать общин в земли “ гоев “ (неевреев) и неизвестно дошли они туда или нет “.

Предполагается, что речь шла о некотором числе общин, которые собрались переселиться в Восточную Европу, возможно даже в Польшу. Евреи жили в Польше еще до закрытия хазарской эры. Остались многочисленные путевые заметки путешественников о еврейских поселениях в западно- славянских регионах в девятые-десятые века.

Толерантные правители Польши прглашали евреев селиться на их землях еще с 1133 года. Большая община евреев поселилась в Кракове в двенадцатом веке, занимаясь торговлей, сбором налогов и даже чеканкой монет для польских королей. В 1200 году село Сокольники было приобретено евреем Иосифом Хаскилем. Возле Вроцлава обнаружены могильные плиты с еврейскими мотивами датируемые 1203 годом. Еврейские крестьяне, работающие на землях близ Вроцлова, были зачислены в реестр для уплаты 10 процентного налога местному епископу.

Монгольское нашествие задело польских евреев, как и евреев Киевской Руси и других регионов восточных и западных славян. Много областей Польши было разрушено и много людей погибло. Начиная с 1241 года, спасаясь от монгольского нашествия, много евреев мигрировали в Силезию, Моравию, Богемию и Австрию, где смешались с немецкими евреями и получили типичные немецкие имена.

После монгольского нашествия вознобновился приток евреев в Польшу, привлеченных хартией, изданой Болеславом Благочестивым в 1264 году и подтвержденной Казимиром Великим в 1334 году. Евреи получили право иметь свои синагоги, школы и суды, владеть земельной собственностью, заниматься торговлей и деятельностью по своему усмотрению.

Евреи продолжали переселяться в Польшу из Германии в течении четырнадцатого -пятнадцатого веков.

Еврейское население из немецких земель, возможно, было доминирующим среди еврейской диаспоры в городах Познани, Варшаве, Кракове и Вроцлаве.

Считается, что города Козарзевск, Козарве, Козара, Козаровичи и Каганово были основаны выходцами из Хазарии. В то время как города , основанные после четырнадцатого века, в названии которых имеется корень “жид”: Жидовская Воля, Жидово, Жидатичи были заселены преимущественно евреями из Германии. Как видно, два потока евреев, один из запада, другой с востока слились в Польше образовав единное сообщество восточно -европейских евреев -ашкенази.

Обшим языком для этого конгломерата стал “идиш “. Идиш - это язык , который осваивался немецкими евреями, главным образом, на основании диалекта средней Германии. Однако, в нем чувствуется влияние и других частей Германии : Баварии, Моравии и Богемии. Между тем, нельзя привязыавть идиш в целом к одной из частей Германии, более правильным представить его созданным в результате слияния различных элементов из нескольких регионов. Идиш также позаимствовал некоторые слова от евреев из восточно - славянских областей. Проникновение идиш в Литовское

Княжество может быть косвенно прослежено при обследовании процесса изменения частных и географических имен. Этот анализ показывает, что идиш стал завоевывать господствующее положение в период с пятнацатого по семнадцатый века. В течении этого времени идиш заменил славянские диалекты, на котором говорили проживающие там евреи. Значительный рост идиш стал возможен благодаря ассимиляции двух общин за счет браков между немецкими и славяноговорящими евреями. Преимущественный уклон в сторону преобладания имен и названий, заимствованных из идиш, показывает, что миграция евреев с запада на восток была значительнее и весомее, по сравнению с живущими там евреями -выходцами из восточных регионов. Новоприбывшие были хорошо образованными и хорошо осведомлены в законах иудаизма, и стали моделью для евреев уже там живущих. Исследование постепенного процесса вытеснения славянских имен и названий на идиш, на примере Литовского Княжества, показывает, что внедрение идиш в разных городах и регионах происходило в разное время. В течение с семнадцатого по двадцатое столетия, во всех еврейских общинах Польши, Украины, Беларуссии и Литвы ашкеназские имена стали доминировать, и отдельные диалекты и культура восточно -европейских евреев потерялись окончательно. Возникает вопрос, остался ли след хазарского языка в идиш. Путь от хазарского языка к идиш должен был пройти через сито столетий употребления евреями славянских диалектов. Однако, осталось несколько тюркских слов в словаре идиш, например, кафтан, ермолка, локш (лапша).

ЗАКЛЮЧЕНИЕ

1. На восточной окраине Европы, между Кавказом и Волгой с седьмого по десятый век властвовало государство, известное как Хазарская Империя. Этой стране сужденно было сыграть судьбоносную роль в мировой истории, остановив продвижение Арабского Халифата в Восточную Европу.

2. Уникальным явлением в мировой истории является принятие страной иудаизма. Если ислам и христианство навязывали свои религии политическим давлением или силой, то иудаизм хазары приняли добровольно без насилия.

3. Евреи, проживающие рядом с хазарами, вместе торговали, вместе воевали и ходили в одну синагогу. Безусловно, за 150 лет, благодаря межэтническим бракам, произошла ассимиляция между

народами. Тем более, тора разрешает браки между евреями и неевреями принявшими иудаизм. Легендарный царь Давид был рожден от маоветянки, которая прошла гиюр (принятие иудаизма). Дети от таких браков автоматически становятся евреями.

4. Изчезновение хазарского народа из региона, бывшего его историческим ареалом и одновременно появление на северо- западе крупнейшего сосредоточия евреев находится в тесной взаимосвязи. Иммиграция из хазарии способствовала росту восточно-славянского , особенно , польского еврейства. Однако, нет никаких свидетельств о масштабах этого явления, объема хазарской диаспоры по сравнению с притоком евреев из запада и их удельного веса в образовании современного восточноевропейского еврейства.

5. Следующая ассимиляцconstitution между западно -европейскими и восточно-европейскими евреями происходила с пятнадцатого по семнадцатый век. В результате этого сплава, появились говорящие на идиш евреи- ашкенази. Для интереса, заметим, что в библии словом “ашкеназ “ назван народ, живущий неподалеку от горы Арарат.

Имя это в библии повторяется дважды, обозначая одного из сыновей Гомера, потомка Яфета. Ашкиназ был братом Тогармы, которого хазары считают своим предком.

6. Никто из восточно- европейских евреев не может определить насколько он является потомком Авраама и какой процент у него тюркской крови, но, в любом случае, по закону Торы он- еврей.

В ДОПОЛНЕНИЕ К. . . . . .

История хазарского государства создает трагический парадокс, поскольку иудейская религия в отличие от христианства, буддизма, ислама -подразумевает принадлежность евреев к богоизбранному народу, чья история связана с его религией. Все иудейские праздники отмечают события национальной истории : исход из Египта, восстание Макковеев, смерть угнетателя Хамана, разрушение храма. Ветхий завет или Тора это прежде всего рассказ о национальной истории, которая принесла миру единобожие.

Поэтому некоторые ученые воспринимают иудейско- хазарское государство, как нереально-мистическое. Вот, что пишет об этом известный историк средневековой России Л. Гумелев "Обращения хазар в иудаизм не было, да и быть не могло, так как в средние века прозелитические религии- христианство и ислам -резко противопоставлялись древним религиям, где к исполнению культа допускались только члены рода, даже в том случае, если род вырос в этнос. Персом огнепоклонником или индусом высшей касты надо было родиться. Иудаизм- культ народа, избранного богом и потому редкие новообращенные считались проказой Израиля. Евреи мирно соседствовали с хазарами, ходили вместе в походы, но молились отдельно, справедливо полагая, что для хороших отношений с соседями нет необходимости делать их похожими на себя "

Однако, в мировой еврейской истории известны проявления иудейского прозелитизма еще задолго до событий в Хазарии. Если рассматривать их в хронологическом порядке, надо начать с 134-104 годов до нашей эры, когда первосвященник Израиля -Гиркан овладел областями Доре и Марисса, где жили иудамяне. После завоевания Геркан позволил им остаться на их земле при условии , что они сделают обрезание и будут следовать еврейским законам. Таким образом, иудамяне, потомки Исая, стали евреями. Сын Геркана - Аристовул обратил в иудаизм итеренов. Это был единственный случай насильственного еврейского прозелитивизма, известный в истории. Впоследствии иудамяне и итерены смешались с евреями и праздновали еврейские праздники вместе.

В конце прошлой и в начале нашей эры иудаизм широко пропагандировался в Римской Империи. В начале нашей эры более 10 процентов населения Римской Империи , включая этнических евреев, в той или иной степени исповедовали иудаизм. Этот значительный процент относят к распространению иудаизма среди неевреев. Иосиф Флавий писал, что это стало возможным, потому что многие нееврейские женщины планировали замужество с евреями. Из известных лиц Римской Империи иудаизм исповедовала Иа-жена Нерона. В те времена много благородных семейств Рима ассоасицировались с иудаизмом. Эти люди назывались евреями, как " богобоязненные". Богобоязненные жили во многих районах Римской Империи, Греции и Малой Азии. Хотя богобоязненные посещали синогагальные службы, они формально не считались обращенными в иудаизм. Веря в единного бога, они следовали обычным еврейским законам : не употребляли свинину, придерживались законов субботы, но они не следовали всем еврейским ритуалам.

После официального принятия христианства, как государственной религии в Римской Империи, обращение в иудаизм было запрещено. В 315 году император Константин I издал первый римский эдикт, запрещающий евреям проводить обращение в иудаизм. В 339 году император Константин II издал закон, устанавливающий ответственность за содействие в обращении к иудаизму вплоть до конфискации всего имущества. Очевидно, если был издан столь суровый закон, значит в этом была небходимость.

Теперь вернемся на Ближний Восток. В королевстве Адиабена, расположенном между притоками Тигра- Большой Заб и Малый Заб, два короля и члены королевской семьи приняли иудаизм в первом столетии нашей эры. Королевство, со столицей Арбела, являлось частью ассирийской секции Персидской Империи. Теперь это часть северного Ирака. Как пишет Иосиф Флавий, король Монобазус и его жена Елена приобщились к иудаизму. У них было общих два сына Изатес и Монобазус (позже Монобазус II). Хотя король имел еще других детей от других жен, Изатес был его любимым сыном. По окончанию его обучения заграницей, он получил в управление провинцию Карра. В Карра под влиянием еврейского проповедника, он , его мать и женщины его гарема приняли иудаизм. После смерти своего отца Изатес унаследовал трон королевства. Впоследствии Изатес решил принять иудаизм в полном объеме и сделать себе обрезание. Его мать Елена пыталась отговорить Азатеса, убеждая, что если известие об обрезании станет публичным, его статус правителя может пошатнуться в глазах народа, так как король принимает религию другой страны. Однако, после обрезания и принятия королевской семьей иудаизма, спокойствие в стране не нарушилось, и Изатес оставался уважаемым своими гражданами и зарубежными представителями.

После принятия иудаизма в полном объеме, Елена приняла решение посетить Иерусалим, чтобы помолиться в храме. По прибытию в Иерусалим, Елена увидела , что в городе недостает продовольствия и многие люди голодают. Она помогла организовать импорт зерна и сушенных фиг в Иудею. Храму она подарила золотое блюдо и золотую лампу. Изатес в бдаготворительных целях послал от себя большую сумму денег. Пять сыновей Изатеса получили образование в Иерусалиме.

В то время, как вся королевская семья стала исполнять иудейские законы, адиабендская аристократия оставалась зороастратами. Недовольные священослужители совместно со знатью выступили против королевского дома и призвали на помощь арабов. Выступивший против Изатеса арабский принц Абиа был разбит адиабендской армией. Принц Абиа после поражения покончил с собой.

Несмотря на победу Изатеса над арабами, адиабедская знать сумела склонить короля Персии Вологаса на свою сторону. Вологас обявил войну Изатесу, и большая армия была послана против Адиабена. Однако, всвязи с междуусобицей внутри страны, Вологас был вынужден возвратить своих солдат домой для решения своих внутренних проблем. Таким образом, Изатес избежал войны с могущественной страной.

Король Изатес, друг евреев , умер в 58 году, вскоре умерла Елена. Изатес и Елена были похоронены в склепах, названных “склепами королей “. Склепы были установлены братом Изатеса-Монобазусом II , который стал королем после Изатеса. Монобазус , его семья и ближайшие родственники приняли иудаизм. Также приняли иудаизм многие из окружения королевского дома. Однако, иудаизм никогда не распространился для всех классов страны.

Во время иудейской войны (66-77) Адиабендское королевство поддерживало Израильскую сторону, за что была наказано Римом. Сыновья и родственники королевской семьи были пленены, как враждебные Риму элементы. Некоторое число жителей Адиабена, принявших иудаизм, путем межнациональных браков интегрировались в еврейскую общину страны. В столице Арбела проживало много евреев и после распрстранения там христианства и образования в городе епископского правления. Окончательная судьба евреев Адиабена неопределена, хотя имеются некоторые свидетельства об их миграции в Грузию и в Армению.

Прозелитизм был широко распространен среди арабского населения, как в Месопотании, так и в Аравии и Йемене. Арабы в большинстве, будучи язычниками, были знакомы с версией Торы о происхождении их от Авраама. Тора была переведена на арамейский и арабский языки. Пророк Мухамед, будучи неграммотным, тем не менее был хорошо знаком с сюжетами еврейской истории из Торы. В Коране имеется около 300 ссылок на тексты писания. Арабы , которые приобщались к иудаизму, считали себя этнически родственными с еврейским народом. Обращенные арабы и евреи смешивались путем межнациональных браков, а новое поколение становилось евреями.

В Медине, в городе, где обосновался и проповедовал Мухамед, была большая еврейская община, которая жила отдельно в укрепленном городище. Когда Мухамед стал неистовать и уничтожать всех, кто не желал принять его религию, дошла очередь до евреев. Сначала арабы осадили городище, но после нескольких неудачных попыток завладеть им, Мухамед пошел на переговоры с осажденными. Он гарантировал безопастность всем евреям и их имуществу если они покинут город. Но, как только евреи открыли ворота и начали выходить, на них напали воины алаха и всех уничтожили, включая стариков и детей.

По мере того, как ислам стал набирать силу, евреи из Аравии стали эмигрировать в соседние государства, в том числе и Йемен.

Евреи жили в Йемене с первого столетия нашей эры. Сами йеменцы были язычниками и поклонялись различным божествам, главным из которых была луна. В расположенном на территории Йемена, государстве Химяр арабы попали под влияние еврейского прозелитизма и несколько королей приняли иудаизм. Первым из них принял иудаизм король Яссир Ёхрам в 270 году. В дальнейшем последователями иудаизма стали король Амр - Шломо (325-330) и король Малки Кариба (378-385). В середине четвертого века в стране начало внедряться христианство. Однако, под влиянием еврейского прозелитивизма небольшая группа христиан приняла иудаизм. В арабских балладах запечатленно, как под влиянием евреев из Мекки и Язреба король Абу Кариба (385-420) к концу своего правления принял иудаизм и склонил к принятию иудаизма химярскую армию, как официальную религию страны. К концу пятого столетия народ Химяра практиковал как языческий культ, так и иудаизм. Однако, вскоре при короле Сабо языческая религия была полностью вытеснена иудаизмом.

Король Мартад (495-515) и его наследник Юсуф (515-525)продолжали распространение иудаизма среди арабского народа Йемена. Когда принц Нубас узнал о преследовании евреев в Римской Импери, он в порядке мщения велел убить византийских купцов. Когда в городе Няпан, при поддержке абиссинского негуса-императора Елла Асбеха, восстала христианская фракция, Нубас подавил это восстание и разрушил христианские церкви.

Христиане Византии и Абиссинии возмутились акциями принца Нубаса и начали против него военные действия. Византийский император Юстиниан I снабдил Абиссинию кораблями, а император Елла Асбеха послал 70 тысяч солдат на Химяр. Абиссинская армия выиграла сражение против химярского войска. Окончательный разгром химярской армии произошел в 525 году, принц Нубас покончил с собой. После победы над армией Химяра, Абиссиния полностью завоевала Йемен. Религиозный климат в стране драматически изменился. Абиссинцы стали прилагать большие усилия для обращения йеменцев в христианство и построили великолепный кафедральный собор ол -Квадис. Финальную точку в религиозном противостоянии в Йемене поставило исламское нашествие в 638 году. Исламисты захватили контроль над страной, и силой насадили в Йемене мусульманство. Евреи потеряли свое влияние и свои права.

Генетические исследования подтверждают, что в Йемене арабы, принявшие иудаизм, по всей вероятности смешались с этническими евреями. Прозелитизм частично ответственнен в росте еврейских общин в Тунисе, Алжире, Марокко и, особенно, в Ливии. Однако, как показали генетические исследования, евреи из Северной Африки в подавляющем большинстве разделяют показатели с другими евреями - выходцами из Израиля.

В седьмом столетии много евреев , притесненных христианскими фанатами в Испании, эмигрировали в Северную Африку и активизировали прозелитизм среди берберских племен в районах Сахарской пустыни. Многие средневековые источники отмечают сильное влияние евреев на берберские народы. Первое упоминание о проявлении прозелетизма в Северной Африке затрагивает марокканский географ и историк ол-Идриси в двенадцатом столетии, он писал об еврейской вере среди берберов и о проникновении иудаизма среди народов Западного Судана. В четырнадцатом веке туниский историк Халдун писал что берберы, живущие в горных районах северо- восточного Алжира , исповедуют иудаизм.

В течение 680-690 годов берберским племенем Ярава управляла королева Кахина , которую прозвали " ясновидящая ". Многие источники считают, что она была этнической еврейкой. Во время своего правления она сумела не только отразить нападение армии египетского губернатора, но в течении нескольких лет провела широкую экспансию, которая распространилась от Триполи в северо-западном направлении до Таннжера в северном Марокко. Однако, египетский губернатор направил против берберов большое войско, которое в нескольких сражениях нанесло Кахине поражение. Никаких сведений о дальнейшей судьбе королевы нет. Этой победой мусульман над берберами Ярава завершилось арабское завоевание Северной Африки. Народ Ярава потерял свою независимость и большинство берберов было принужденно принять ислам.

Многие племена живущие в оазисах юго-восточного Алжира, и племена между Суданом и Тибуки, а также берберы Марокко и Туниса, которых заставили принять мусульманство, сохранили некоторые еврейские традиции.

Евреи Ефиопии известны как, " Бета Израиль "(Дом Израиля), а также-" фалаши "- (иностранцы). Они в большинстве произошли от народности Адау, принявших иудаизм во времена раннего средневековья. Как показывают генетические исследования они больше соприкасаются с другими эфиопами, чем с евреями из Израиля. Хотя имеется вероятность, что в числе предков фалашей могла быть небольшая часть евреев из Йеменского королевства Химяр.

В десятом веке фалашами управляла королева Юдит, которая в соответствии с некоторыми легендами была этнической еврейкой. Под её руководством фалаши завоевали и разрушили город Аксум. Это позволило ей узурпировать эфиопский трон. Юдит благополучно правила страной до 977 года, когда она была свергнута Теклой Хаиманот. Новый правитель основал династию христианских негусов Завди. Его наследники укерепившись во власти к 1270 году завладели всей страной. Этот период истории Эфиопии, примерно, до четырнадцатого века остался , мало изученным из - за отсуствия достоверных источников.

В пятнадцатом веке фалаши получили подкрепление от двух христианских принцев, принявших иудаизм , в провинциях Салламант и Семион, что содействовало усилению военной мощи фалашей. Христианский негус Эфиопии Зара Якоб предпринял несколько походов против фалашей. Но всякий раз еврейская армия успешно отражала нападения и наносила поражения войскам негуса. Наследник Якоба негус Баеда Мариам

(1468-1478) в нескольких сражениях сумел нанести поражение еврейской армии фвлашей.

Ефиопские евреи были формально обращены к нормативному ортодоксальному иудаизму после их переселения в Израиль в течении 1980-1990 годов.

В этой главе приведены доказательства, того что обращение хазар в иудаизм не было чем -то исключительным и противоречащим еврейским религиозным канонам. Мировая история еврейского прозелитизма полностью опровергает утверждение Л. Гумелева " Обращение хазар в иудаизм не было, да и быть на могло. . . " Принятие хазарами иудаизма стоит в одном ряду с обращением к нему других народов :арабов, йеменцев, берберов и эфиопов. Все эти события документально подтверждаются историческими свидетельствами в трудах арабских географов, историков и писателей.

www.ingramcontent.com/pod-product-compliance
Lightning Source LLC
LaVergne TN
LVHW091048150826
845673LV00002B/508

* 9 7 8 1 4 4 9 0 6 7 8 1 6 *